財政危機と社会保障

鈴木 亘

JN275734

講談社現代新書

2068

はじめに

最近、「社会保障」という言葉を目にしたり、耳にしたりする機会が急に増えてきました。

筆者は大学で社会保障論を教えている研究者ですが、以前は、講演会や市民講座等で「社会保障を専門としています」と自己紹介しても、まずピンとくる人は少なく、慌てて「社会保障というのは、年金や医療、介護、保育等のことです」と言い換えなければならないのが常でした。

それが、この二、三年の間でしょうか、「社会保障」という言葉が急に「市民権」を得て、特に補足説明の必要がない言葉になったように思います。ごく最近も、民主党・菅直人首相が「強い社会保障」というスローガンを打ち出し、国民に強い印象を与えました。また、二〇一〇年七月の参議院選挙では、「社会保障目的」の財源に充てるために、消費税率一〇パーセントへの引き上げを行うべきかどうかという点が、大きな争点となったことはご記憶に新しいことと思います。「社会保障」は、もはや私たちの生活に直結する一大テーマとなったと言えるでしょう。

しかしながら、それに伴って国民の間に「社会保障」に対する理解が深まっているかというと、それはむしろ逆で、社会保障に対する疑問が現在、かつてないほどに満ち溢れているように思われます。


「『強い社会保障』とはいったい何か？ それは現実に実現可能な政策なのか？」

「医療や介護、保育産業は、本当に成長産業なのか？」

「年金や医療保険、介護保険は将来破綻《はたん》するのか？」

「社会保障を維持するためには、やはり消費税引き上げが不可避なのか？ 増税する場合、何パーセントぐらいの消費税引き上げが必要なのか？」

「社会保障のために、莫大な財政赤字が生じているというのは本当か？」

「社会保障改革を行わないと、日本はギリシャのように財政危機に陥ってしまうのか？」

「日本は、北欧諸国のように高福祉・高負担の国になるのか？ それとも、中福祉・中負担ぐらいでよいのか？」

「毎年のように社会保障改革が行われているのに、一向に問題が解決しないのは何故なのか？」

「民主党の政策で、安心できる社会保障制度は、本当に実現するのか？」
「そもそも民主党は、マニフェストに示した社会保障改革を実現できるのか？」

これらは、筆者がごく最近、学生達や新聞・雑誌記者達から受けた質問の一例ですが、恐らくは、国民の皆さんの多くもこうした疑問を胸に抱いているのではないかと思います。そこで本書は、こうした社会保障制度に対する国民の「素朴な疑問」に答えることを目的に、「最近の社会保障制度の超入門書」となるように執筆しました。

したがって、本書を読むにあたって必要な前提知識は全くありません。社会保障制度や経済について、まったく知識がない読者でもスラスラ読めるように、平易な言葉だけで、わかりやすく説明することを心がけました。

また、本書がもう一つ目指したことは、社会保障の個別分野をひとつずつバラバラに解説するのではなく、社会保障の全分野にまたがる共通の問題点を、大きな視点から捉えられるようにしたことです。さらに、社会保障制度だけではなく、より幅広く、「社会保障と日本経済の関係」、「社会保障と日本財政の関係」も明確になるように心がけました。これらは、類書にはほとんどない特徴だと思います。

自戒をこめて言えば、いわゆる社会保障や社会福祉の専門家たちは、自分が専門としている「蛸壺的《タコツボ》」な個別分野の諸制度については非常に詳しいものの、社会保障全体としての分野横断的な視点に立つことは苦手のようです。さらに、より幅広い視点に立っている専門家であっても、日本経済全体との関係や、一国全体の財政問題との関係を論じることは、まずありません。

しかし、社会保障分野自体がこれほど大きく、多岐にわたってくると、社会保障の個別分野だけで解決できる問題はむしろ少なく、社会保障分野全体として考えるべき課題が増えています。また、社会保障分野全体としてもまだ足りず、日本経済や日本財政という観点から論じるべきテーマも数多くあります。現在、民主党政権が打ち出している「強い社会保障」や「消費税率を一〇パーセントに引き上げる」という政策は、まさにそうしたテーマに他なりません。

本書を読んでいただき、読者の皆さんが日頃、胸につかえていた社会保障に関する疑問が氷解し、より大きな視点から「日本の社会保障のあるべき姿」に思いを寄せていただければ、筆者としてこの上ない喜びです。

目次

式

第七章　待機児童問題が解決しない本当の理由　193

第一章　「日本の借金」はどのくらい危機的なのか？

二〇〇九年の政権交代以来、民主党政権は、「子ども手当」を創設したり、医療サービスの公定料金（これを「診療報酬」と呼びます）を引き上げるなど、社会保障費の再膨張政策を積極的に推し進めてきました。このため、二〇一〇年度の国の一般会計予算は、過去最大規模となる九二・三兆円にも達し、景気低迷による税収の落ち込みもあって、これも過去最大となる四四・三兆円もの新たな借金（新規国債発行）を行わざるを得ない状況になりました。

しかも、民主党が二〇〇九年衆議院選挙のマニフェストで公約した社会保障政策のうち、二〇一〇年度予算に盛り込まれた項目は、まだほんの一部にすぎませんでした。今後、マニフェストを完全実施しようとする中で、さらに財政規模は拡大し、もっと多額の新規国債の増発が続く懸念がありました。

折しもヨーロッパでは、ギリシャが財政危機に陥って、財政破綻の懸念から国債金利が急上昇し、EU（欧州連合）やIMF（国際通貨基金）の緊急融資が決まるという事態となりました。その後も、スペイン、ポルトガル、アイルランド、アイスランド、イタリアなどに財政危機の懸念が飛び火していき、ユーロ安が続く中、ギリシャをはるかに超える借金比率（債務比率）を抱える日本についても、財政破綻が噂されるようになったのです。

こうした中、転機は突然訪れました。鳩山由紀夫首相や小沢一郎幹事長（いずれも当時）

らの「政治とカネ」の問題や、普天間基地移設をめぐる迷走によって鳩山内閣の支持率が急落し、社民党の連立離脱をきっかけに、二〇一〇年六月、鳩山由紀夫首相が突然、辞任したのです。その後、後任となった菅直人首相は、就任会見や所信表明演説において、財政赤字の現状に対する強い懸念を示すとともに、財政立て直しを行うことを宣言しました。

その後、菅首相は、七月の参議院選挙に向けて、消費税率一〇パーセントへの引き上げに言及したり、今後三年間の予算の大枠である「中期財政フレーム」と、中長期の新財政健全化目標を盛り込んだ「財政運営戦略」をまとめるなど、急速な政策転換を打ち出しました。しかしながら、唐突に提示された消費税引き上げに対する国民の拒否反応は思いのほか大きく、それまでの失策への批判等もあって参議院選挙は民主党の大敗北に終わり、消費税引き上げの議論は現在、完全にストップしている状況です。

この章ではまず、菅首相が危機感を持ち、政策転換を考えるきっかけとなった国の財政状況について、その現状を正しく把握することにしましょう。消費税引き上げはやはり必要だったのでしょうか。それとも、消費税など引き上げなくとも、財政状況は問題なかったのでしょうか。

社会保障問題をテーマにした本書が、日本全体の財政状況から話を始めることに、違和感を覚える読者もいらっしゃるかもしれません。しかし、国の一般歳出の半分以上を占め、今後も高齢化によってますます増加してゆく社会保障費は、もはや個別分野として論じられる問題ではなく、国の財政を大きく左右する主役的存在です。特に、菅首相が標榜《ひょうぼう》する「強い経済、強い財政、強い社会保障」という政策が実施される中においては、社会保障費は国の経済、国の財政そのものに等しいと言っても過言ではありません。

一、借金漬けの社会保障費

母屋はおかゆ、離れはすき焼き

「国の借金」と言った場合、①今年、「支出」が「収入」をどれくらい上回って、新たにいくら国債発行を行わざるを得なかったのかという「財政赤字」を指す場合と、②「財政赤字」による国債発行額が、過去から積もり積もって総額としていくらになったのかという「債務」を指す場合があります。

家庭の借金に例えて言えば、「財政赤字」が今年新たに行う「借金」、「債務」が過去から累積した「借金の総額」ということになります。現在の日本は、そのどちらもが深刻な状況にありますが、まずは、二〇一〇年度の「財政赤字」の状況から見てみましょう。ご存じの方も多いと思いますが、国の予算には、「一般会計」と「特別会計」の二つの種類があります。

一般会計というのは、公共事業や教育、医療保険・介護保険の国庫負担分など、その年度内に行う様々な国の事業のために作られた予算で、主に税収によって財源が賄われ、その年度に使い切ることを原則としています。通常、国の予算といえば、こちらの一般会計の方を指します。

これに対して、年金や雇用保険、労災保険など、保険料や目的が限定された税収（特定財源）を持つ事業は、「特別会計」と呼ばれて、一般会計と区別した予算編成となっています。これは、将来の年金支払いを行うために集められた年金保険料が、一般会計として他の税収と一緒くたに扱われてしまうと、例えばダム建設に使われてしまう恐れがあるため、あえて別会計にしているものです。

再び家計に例えて言えば、食費や家賃など、基本的な支出はお父さんが稼いでくる毎月の給料から支払うことにしているものの（一般会計）、祖父母からの仕送りは、将来の子供の大学進学の学費に充てたいので、銀行通帳を別にしておきましょう（特別会計）というようなことです。

問題は、この特別会計が、一般会計のように国会審議を経ず、担当する各省庁の意のままに扱える「へそくり」になっているということです。金額的には「へそくり」どころか、二〇一〇年度において、一般会計九二・三兆円をはるかに上回る一七六・四兆円（特別会計歳出総額から会計間のやりとりを除いた純計額。歳出総額は三六七・一兆円）にも達しています。

二〇一〇年度の「事業仕分け」が明らかにしたように、各官庁の天下り先である公益法人、独立行政法人などが群がり、様々な無駄遣いや利権の温床となっているのが、この特別会計です。小泉内閣当時の財務大臣であった塩川正十郎氏が、「母屋（一般会計）でおかゆをすすっているときに、離れ（特別会計）ですき焼きを食べている」と表現したことは余りに有名です。特に、社会保障関係の特別会計予算は巨額であり、二〇一〇年度において一般会計全体にも匹敵する八七・八兆円もの予算を有しています。その内訳は「年金特別会計」が七九・一兆円、「労働保険特別会計」が八・七兆円です。

「年金特別会計」といえば、一般的に厚生年金や国民年金の年金給付に充てられる会計であり、無駄な部分などないように思われるかもしれません。しかしながら、実は、ゴルフ道具やマッサージ機器購入で有名となった旧社会保険庁の福利厚生費や、悪名高いグリーンピア、サンピアといった巨大年金保養施設の建設費・運営費が賄われてきた「無駄の温床」なのです。現在も、年金福祉施設に大盤振る舞いを行い、厚生労働官僚の天下り先である独立行政法人・公益法人がそれに群がっている構図は一向に変わりません。

一方、「労働保険特別会計」についても、雇用保険給付や労災保険給付という本来の目的の予算だけではなく、大小様々な福祉施設・労災施設の建設費・運営費や、天下りの独立行政法人・公益法人の人件費・運営費が賄われている「伏魔殿」です。悪名高い「私のしごと館」も、まさにこの労働保険特別会計によって作られていました。

税収を上回る借金

次に一般会計の財政状況について見ることにしましょう。図表1－1は、二〇一〇年度予算における歳入の内訳を示したものです。二〇一〇年度の歳入総額九二・三兆円に対して、税収で賄えた分（租税及印紙収入）は三七・四兆円にすぎなかったことがわかります。このため、特別会計などから将来のためやリスクに備えて積み上げられていた「埋蔵金」を取り崩して「その他収入」を増やしたものの、それは一〇・六兆円にすぎず、結局、二〇一〇年度には、四四・三兆円もの「財政赤字」が発生しました。

国の場合、財政赤字は、国の借金証書である「国債」を発行して国民や銀行などから資金調達をしますので、「公債金」と書かれている内訳額が、二〇一〇年度の財政赤字額のことです。この国が作った新たな借金の金額が四四・三兆円で、税収の三七・四兆円よりも上回っていますから、まさに異常事態です。借金が税収を上回ったのは、戦後初めての

図表1-1　2010年度予算の歳入の内訳

一般会計歳入総額92.3兆円

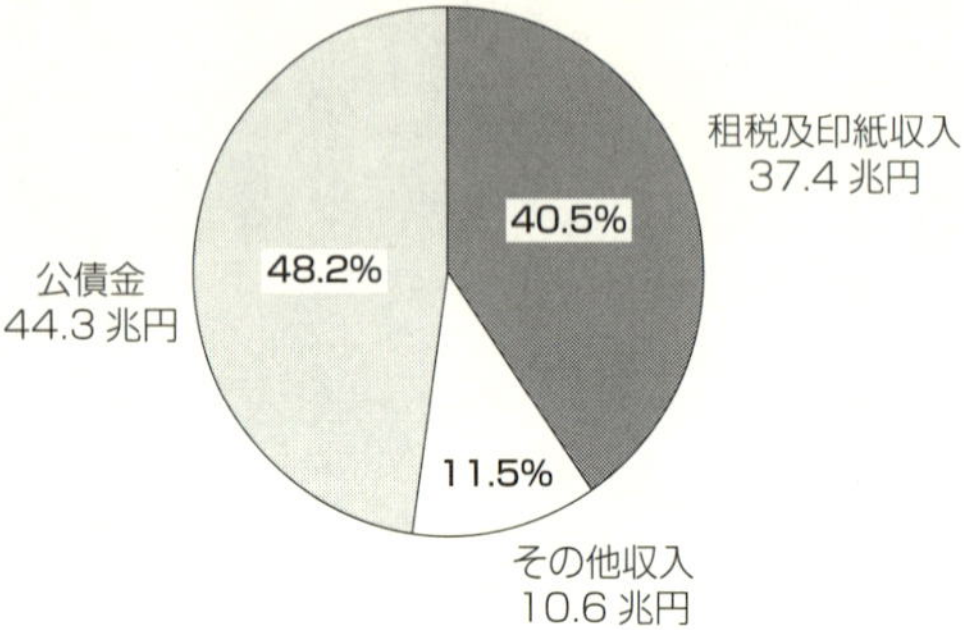

注）財務省資料より

出来事です。

　これは、家計に例えれば、お父さんが稼ぐ毎月の給料（例えばわかりやすく月三七・四万円としましょう）よりも、毎月、消費者金融から新たに借りてくる借金（月四四・三万円）の方が大きいという状態ですから、かなりまずい状況にあることが明らかでしょう。一体、そんなに多額の借金をしてまで、この家庭は何に使っているというのでしょうか。月九二・三万円もの身の丈に合わない贅沢な消費の原因は、どこにあるのでしょうか。

国の社会保障関係費は三分の一近く

　図表1－2は、二〇一〇年度の一般会計予算における歳出の内訳を見たものです。歳出総額九二・三兆円のうち、二七・三兆円と最大の支

図表1-2　2010年度予算の歳出の内訳

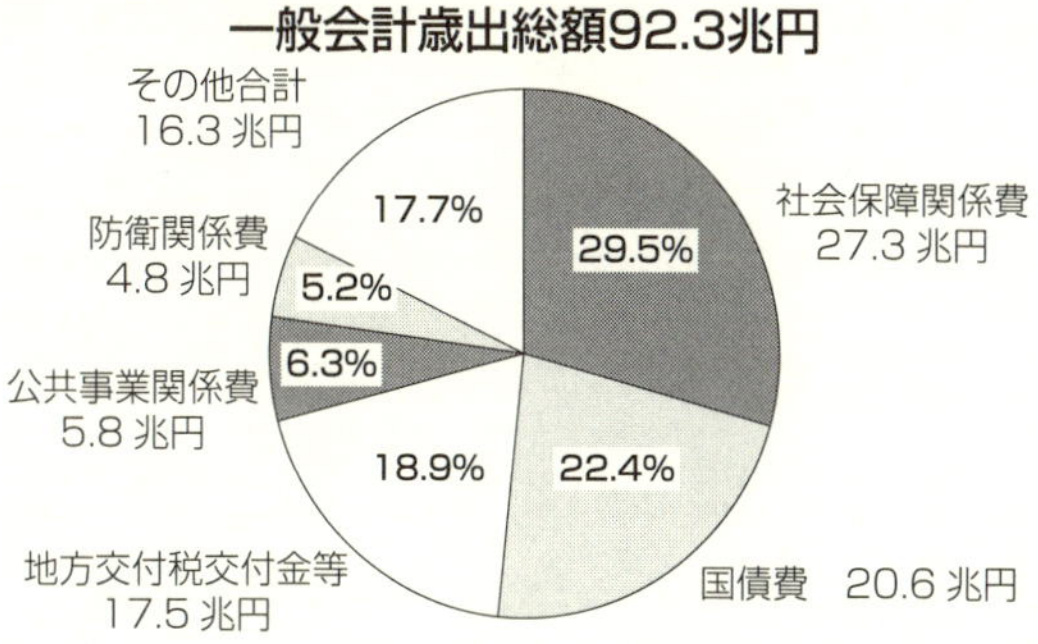

注）財務省資料より

出項目は、「社会保障関係費」となっています。ここで、「社会保障費」ではなく、「社会保障関係費」であることによく注意してください。両者の違いは後で重要となります。この社会保障関係費は、全体の約三割に達し、国債費や地方交付税交付金といった国が自由に出来ない支出項目を除いた「一般歳出」ベースでは、実に五割以上の規模を占めています。これは、無駄遣いの象徴としてよく批判される国の公共事業関連費の五・八兆円に比べて、なんと五倍近い大きさです。同じくよく批判の対象となる防衛関係費も、四・八兆円にすぎません。

　社会保障関係費の次に大きな予算は、国債費の二〇・六兆円であり、これは、国債の金利支払い（利払い）や、償還時期が来た国債の元本返済に充てられている金額です。つまり、国の借金があまりに膨大であるため、借金を続けるために発生している返済費用と言えます。先の家計の例で言えば、月九二・三万円の支出のうち、実に二〇・六万円もの金額が毎月の消費者金融への借金返済に充てられているというのは驚きです。

三番目に大きい予算は、地方交付税交付金等、地方自治体（都道府県や市区町村）に移譲している財源で、一七・五兆円です。家計の例で言えば、お父さんや子供たちへのお小遣い分といったところでしょうか。地方自治体は、医療保険や介護保険、保育、生活保護制度などを運営していますから、実は、この地方交付税交付金等の一部も、社会保障に関係した費用です。

地方自治体の歳出のうち、社会保障関係の費用は約四分の一ですから（二〇〇九年度決算における地方政府の民生費一九・九パーセント、衛生費六・〇パーセント、労働費〇・七パーセントを合計）、地方交付税交付金等に占める割合も同じとすれば、この分は四・七兆円になります。この四・七兆円を先の社会保障関係費二七・三兆円に合計すると、約三二兆円が一般会計予算のうち社会保障に回っている金額ということになります。先の家計の例で言えば、月九二・三万円の三分の一以上に当たる月三二万円が社会保障費に充てられているということになります。

ところで、皆さんは一般会計の「社会保障関係費」というと、なんとなく、年金や医療保険、介護保険、雇用保険の支払いに直接充てられている金額で、それがたとえ大きな金額であっても仕方がないような気がするのではないでしょうか。「一般会計予算の三分の一ぐらいが社会保障費でもしょうがないよな」というのが、国民の実感かもしれません。

あるいは、菅首相に「社会保障関係費の財源を賄うために、消費税引き上げが必要です」と言われると、「大事な社会保障のためだから仕方がないのではないか」と思う国民も少なからずいるに違いありません。実際、マスコミ関係者でもそのように思っている人が多いようですが、実はそれは全くの「誤解」で、この社会保障関係費は、年金や医療保険、介護保険、雇用保険の支払いに充てられている金額そのもの（本体）ではありません。

社会保障関係費の大半は、社会保険への公費投入

日本では、年金や医療保険、介護保険、雇用保険など、社会保障制度の根幹は、国民から保険料を徴収して支払いに充てる「社会保険方式」によって運営されています。サラリーマンの場合、給料の中から、毎月、相当の金額が年金、医療保険、介護保険、雇用保険の「保険料」として差し引かれていることに気づいて、腹立たしく思っている方が多いのではないでしょうか。

また、自営業や農林水産業の従事者の方も、国民年金や国民健康保険、介護保険などの

保険料の支払いをするたびに、負担が重いと思っている方も多いと思います。しかし、この保険料を徴収し、社会保障費の支払いを行っているのは、先に説明した「特別会計」や、市区町村（国民健康保険や介護保険）、民間の会社（健康保険組合）などですから、この一般会計の「社会保障関係費」とは、本来関係がありません。

つまり、社会保険が純粋に保険料で賄われているのであれば、一般会計の社会保障費は、これほど大きな金額になるはずがなく、生活保護費や社会福祉費（保育や障害者施策、諸手当等）、保健衛生対策費の金額にとどまるはずですから、二〇一〇年度でこれらはたかだか六・六兆円にすぎません。それでは、なぜ、「社会保障関係費」が二七・三兆円もの金額に上るかといえば、年金や医療保険、介護保険、雇用保険などの社会保険が、純粋に保険料で運営されているのではなく、多額の国庫負担、公費が投入されているからなのです。これらが、ざっと二〇・七兆円にも達しています。

すなわち、年金制度のうち、全国民に共通する一階部分の「基礎年金制度」は、保険料で賄われている部分は半分にすぎず、残りの二分の一の財源は、国庫負担という形で税金が投入されています。また、医療保険においても、七五歳以上の高齢者が加入する「後期高齢者医療制度」や、自営業や農林水産業の従事者が加入する「国民健康保険（国保）」の給付費の半分は、公費負担として税金で賄われています。

さらに、中小企業のサラリーマンとその家族が加入する「全国健康保険協会管掌健康保険（協会けんぽ）」の一・五割程度、公務員の医療保険（共済組合）の事業主負担分も公費が投入されていますので、医療保険給付費全体の約四割が公費負担となっているのです。また、介護保険に至っては、公費負担は何と六割近くに達しています。雇用保険についてさえも、三〇〇〇億円程度ですが、公費が投入されています。

公費投入とは、料金ディスカウントの費用にすぎない

こうした公費投入は、本来、保険料方式が徹底されているのであれば不要な財政支出であったはずです。それではなぜ、公費投入がなされているのかと言えば、それは保険料や自己負担額を低くするためなのです。つまり、「社会保障関係費」の大部分は、本来の社会保障給付のためというよりは、医療や介護の利用料金を安くディスカウントするために使われています。もちろん、低所得者や弱者に対して、公費による配慮が必要であることは当然ですが、こうした料金ディスカウントは中所得者であろうが、高所得者であろうが一律に行われており、公平性の観点から言っても到底支持できるものではありません。

わたし達は、「社会保障関係費！」と言われると、何やら不可侵の聖域のように思ってしまい思考停止になりがちですが、実は、これは単なる料金ディスカウント、価格ダンピ

ングのための公費投入にすぎないという事実を広く認識すべきです。これを、毎年赤字を繰り返し、莫大な借金をしてまで行うべきことなのか、もう一度よく考えてみる必要があるでしょう。また、菅首相が言明した消費税一〇パーセントへの引き上げの目的も、まさにこの社会保障関係費に充当するためということですが、料金ディスカウントのための公費投入の原資として、消費税引き上げが本当に必要かどうか、改めて考える必要がありそうです。

ところで、この公費による料金ディスカウントで、利用料を本来あるべき水準よりも安くするという構図は、年金や医療保険、介護保険、雇用保険といった社会保険だけではなく、保育などの他の福祉施策についても同様に当てはまります。先の家計の話に戻れば、どうやら身分不相応な贅沢消費は、「料金ディスカウントのクーポンを皆に大盤振る舞いしている」という二〇・七万円ほどの金額にありそうです。さらに言えば、月二〇・六万円の借金返済費も大変な金額ですから、少なくともこれ以上借金を増やさず、できれば借金を減らしてゆくことも必要となるでしょう。

二、史上最悪の債務比率

戦争と債務比率

図表1-3　日本の政府債務対GDP比率の長期的推移

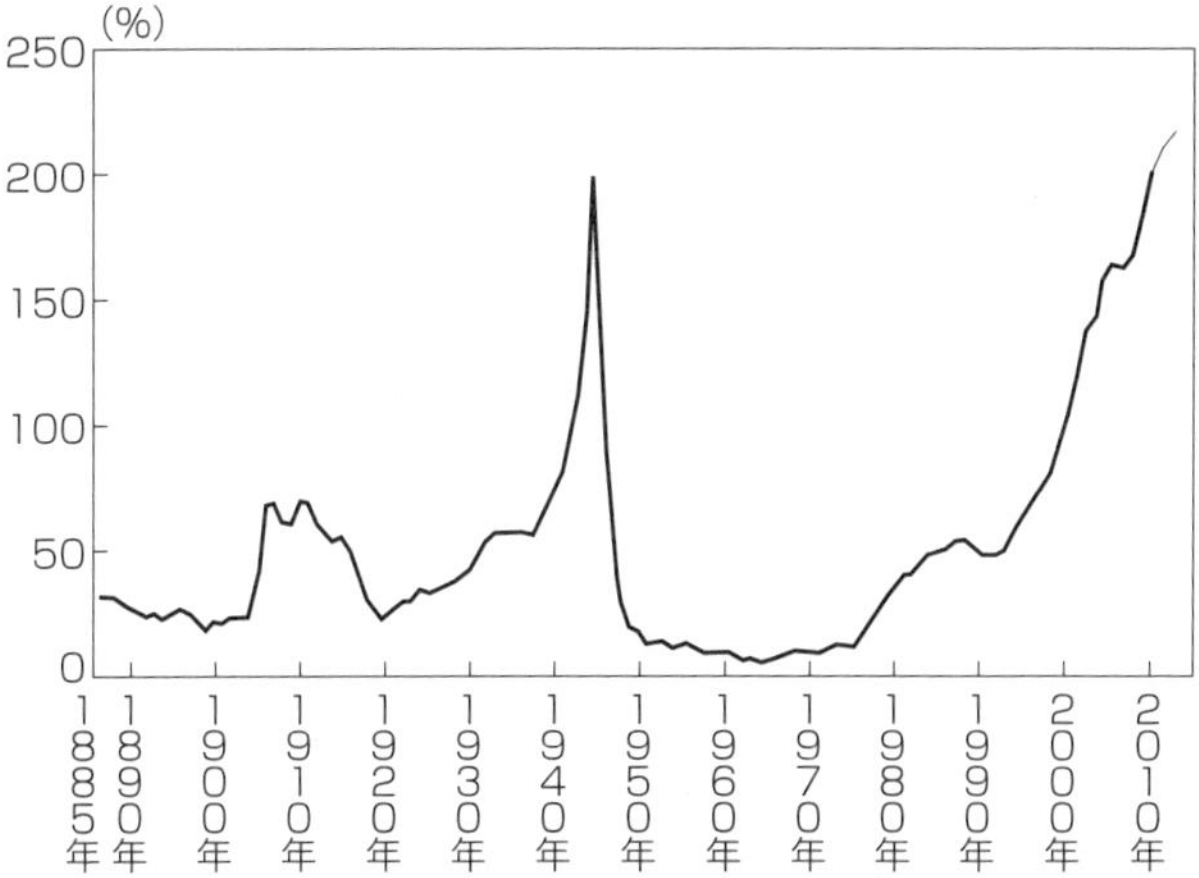

注）東京大学大学院経済学研究科・岩本康志教授による作成（太線部分）

次に、この毎年の財政赤字が累積して、現在、いったいどれくらいの借金総額（債務）に達しているのか、詳しく見ることにしましょう。図表１－３の太線部分は、東京大学大学院経済学研究科の岩本康志教授が作成している「政府債務対ＧＤＰ比の長期的推移」です。[1]これを見ると、国と地方を合わせた政府債務が現在、まさに歴史的に見て大変な危険水域に達していることが一目瞭然です。

実は、政府債務にもいろいろな計算の

1　データ及びグラフを提供いただいた岩本教授に感謝を申し上げます。詳しい説明は、岩本教授のブログ（「今後４年間の財政収支」http://blogs.yahoo.co.jp/iwamotoseminar/32247254.html、「国の借金９７３兆円」http://blogs.yahoo.co.jp/iwamotoseminar/32078272.html）を参照ください。

仕方があり、日本では様々な定義のものが同時に使われていて国民を混乱させています。菅首相がよく口にする二〇一〇年度の債務見通しが八六二兆円という数字は、正確には、財務省が発表している「国と地方の長期債務残高」のことで、国際標準の定義で計算された債務額ではありません。国際標準の定義は、ＩＭＦ（国際通貨基金）基準の「総政府債務」（ＯＥＣＤも同様のものを用いています）であり、二〇一〇年度の見通しは九七三兆円と、菅首相の数字よりも一〇〇兆円以上も大きな金額となっています。図表１－３はもちろん、こちらのＩＭＦ基準の政府債務額を用いています。

国の借金額の深刻さ、とりわけ借金の返済可能性を考える上では、借金の金額そのものよりも、国の所得の総額であるＧＤＰとの比率を取ってみるほうが役立ちます。これは、例えば家計の場合においても、消費者金融からお金を借りる場合に、その返済能力の指標として、借入総額と年間所得の比をとって「年収比率」を見るのと同じ発想です。例えば、二〇一〇年六月から完全施行となった「改正貸金業法」では、この年収比率が三分の一、つまり三三パーセントを超える場合には、返済可能性が低いとして、新規貸付をすることを禁じています（この借入額の上限規制を「総量規制」と呼びます）。

国の場合には、こうした総量規制に当たるものはもちろんありませんが、どれぐらいの「年収比率」（政府債務対ＧＤＰ比率、以下、単に「債務比率」と呼ぶことにしましょう）

が危険水域なのか、過去の歴史や財政危機に陥った他国との比較をすることによって、ある程度、推し量ることが出来るでしょう。

図表1－3は、明治維新後の一八八五年から描かれていますが、日本の歴史は、日露戦争、第一次世界大戦、日中戦争、第二次世界大戦といった大きな戦争を起こすたびに、債務比率を上昇させてきたことがわかります。

例えば、日露戦争（一九〇四—〇五年）では、司馬遼太郎の『坂の上の雲』でも描かれているように、当時、日本銀行副総裁であった高橋是清が、イギリスやアメリカを駆け回って、大変な苦労をして国債を売って戦費を調達しました。それでも、債務比率は一九〇六年の六八・三パーセントまでにしか上がりませんでした。

その後、日中戦争が始まった一九三七年ごろから債務比率は急上昇を始め、第二次世界大戦中は図に見るように、まさに爆発的な上昇を遂げています。その結果、第二次世界大戦末期の一九四四年には債務比率は一九九・一パーセントにも達しました。第二次世界大戦末期は、本土決戦、一億玉砕かという、まさに日本の総力をつぎ込んでいた状況下ですから、このような非常に高い債務比率に達したことも、理解できるような気がします。まさに、国富を傾けたぎりぎりの状況下に立っていたわけであり、財政的に見ても、まさに敗戦間際の状況であったわけです。

インフレ税に救われた戦後の日本

戦後の日本にとって、ある意味で幸いであったことは、戦後の大インフレーションによって国債の価値が急落して、事実上、国債が償還されてしまったことです。戦後の大インフレーションのすさまじさについては、例えば城山三郎の『小説日本銀行』が当時の様子を詳しく描いていますが、一九四五年秋から一九四九年春までの約三年半の間に、日本は、物価が九八倍になる（消費者物価指数ベース）という大インフレーションを経験しました。

既に述べたように、国債というのは国の借金証書のことですから、国は国債によって借り入れた金額を、一定の期日までに国債購入者に返さなければなりません。例えば額面一〇〇万円の三年物の国債を発行すれば、途中半年ごとに利子分を支払うとともに、三年後には、一〇〇万円の元本を、購入者に返済することになります。

しかし、物価がその三年間に一〇〇倍になれば、一〇〇万円の価値は一万円分にしかなりませんから、国は、実質的に一万円分だけ、税などで資金調達をして、返済をすればよいことになります。つまり、この戦後の大インフレによって、国の借金の金額はほぼ一〇〇分の一にまで、努力せずに縮小することが出来たのです。

もちろん、国債を保有していた銀行や国民にとっては、保有していた金融資産が一〇〇分の一になることを意味しますから、まさに悪夢です。このことは、実質的には、国債保有者の金融資産を国が強制徴収して、借金を返済することとほぼ同じことになります。このため、経済学では、政府がインフレを起こして、国の借金を返済することを「インフレ税」(inflation tax)と呼んでいます。

国がインフレを起こす方法は簡単です。この戦後インフレの時期にまさに行ったように、中央銀行(日本の場合は、日本銀行です)に赤字国債を大量に引き受けさせて(日銀引き受けといいます)、貨幣をどんどん発行させればよいのです。市場に流通している物品よりも貨幣の方が多くなり、大量にお金がだぶつきますから、物価が急上昇することになります。

ただし、現在は、この戦後インフレの教訓から、政府が借金を減らすために日銀引き受けを行うことを禁じる法律が定められています。すなわち、一九四七年に制定された財政法の第五条において、「すべて、公債の発行については、日本銀行にこれを引き受けさせ、又、借入金の借入については、日本銀行からこれを借り入れてはならない。但し、特別の事由がある場合において、国会の議決を経た金額の範囲内では、この限りでない。」と定められており、よっぽどの非常事態にならない限りは、再び日銀引き受けという手段を用いることができないようになっています。

いずれにせよ、第二次世界大戦末期の一九九・一パーセントという債務比率を抱えたままでは、恐らくは戦後の奇跡的復興はおぼつかなかったことでしょうから、当時の国債保有者の尊い犠牲の上に、日本の戦後の復興は成り立っていたのです。

景気との戦争、社会保障との戦争

戦後、もはや日本は戦争を行うことはありませんでしたが、図表1－3の債務比率を見る限り、まるで再び第二次世界大戦に迫る大戦争を始めたかのようです。特に、一九九〇年代からの「失われた二十年」間の債務比率上昇は著しいものがあります。この第一の理由は、この時期の景気低迷を打開しようと、一九九〇年代から政府が大型の景気対策を何度も行って、借金を繰り返してきたことが挙げられます。岩本康志教授がブログで表現している通り、まさに「景気との戦争」状態にあったということが言えるでしょう。もちろん、こうした大型景気対策にもかかわらず、景気が低迷したり、デフレが続いたりしたことによる名目GDPの縮小も、少なからず債務比率上昇に寄与しています。

もう一つの理由は、この時期、急速に進んだ少子高齢化によって社会保障費が毎年一兆円を超える支出増を積み上げてきたことです。この社会保障費の増加は、景気が回復しても減少する性質のものではありませんから、まさにボディーブローのように国の財政を圧迫し、硬直化させていきました。そして、自公政権末期の麻生内閣時代からは、小泉内閣以来続けていた毎年二二〇〇億円の社会保障費の「伸びの抑制」(毎年一・二兆円程度、高齢化によって自然に伸びる社会保障関係費を二二〇〇億円だけ抑制して、伸び幅を約一兆円に保つという程度の抑制策)ですら放棄して、再び、社会保障関係費は野放図な拡大路線に転じました。

さらに、二〇〇九年八月に民主党への政権交代が起きてからは、「子ども手当」など、衆議院選挙マニフェストに盛り込まれた社会保障政策を借金の拡大によって実現させていますので、今度は、まさに「社会保障との戦争」状態に入りつつあると言えるでしょう。このため、二〇〇九年度の債務比率の実績値は一八六・六パーセント、二〇一〇年度の政府見込みは二〇四・八パーセントとなり、二〇一〇年度中には、もはや第二次世界大戦末期を超えることが確実な状況となりました。

そして、二〇一一年以降(図表1－3の細線部分)は、現在のところ最も可能性が高いと思われる「債務比率の今後の推移」を描いています。菅内閣は、二〇一〇年六月に「中期財政フレーム」として「二〇一一年度の新規国債発行額は、二〇一〇年度予算の水準(四四・三兆円)を上回らない」という閣議決定を行っています。正確には、二〇一二年以降の新規国債発行額は未定なのですが、マスコミ等は、二〇一二年以降も四四・三兆円の上限が守られるものと解釈していますので、二〇一三年までの毎年の新規国債発行額を四四・三兆円と仮定しています。

一方、債務比率の分母に当たるGDPの予測値については、内閣府によるものが、菅内閣の「希望的観測」を含む甘い見通しとなっているために、より客観的な数字である財務省「平成二十二年度予算の後年度歳出・歳入への影響試算」の数値を使っています。これを見ると、民主党政権の最終年（次回の衆議院選挙）である二〇一三年度には、なんと債務比率は二一九・五パーセントにも達することがわかります。

今後も政府債務比率は確実に増加し続ける

菅首相は、二〇一〇年の参議院選挙を前にした同年六月、「消費税率の引き上げは二～三年後か、それ以上後になる」と発言しました。これは、二〇一三年までは消費税引き上げを行わないということと同義ですから、今後の税収増は、景気回復によるもの以上には期待できません。また、参議院選挙の結果は民主党の大敗北に帰し、将来の消費税引き上げの議論すら完全にストップしている状況です。

一方で、高齢化の進展によって社会保障関係費は、今後、毎年一・三兆円のペースで増加していくことが予測されており（先述の財務省の後年度影響試算）、「強い社会保障」を標榜する菅内閣が、それ以上に社会保障費を増加させる可能性は高いと思われます。したがって、歳出削減や予算付け替えの取り組みに、相当の注力を行わない限り、二〇一三年までの間、四四・三兆円以内に新規国債発行額を抑えてゆくことは至難のわざと言わざるを得ません。

ちなみに、繰り返しになりますが、「二〇一一年度の新規国債発行額は、二〇一〇年度予算の水準（四四・三兆円）を上回らない」という中期財政フレームの閣議決定は、正確には、二〇一一年度のたった一年分の新規国債発行額だけしか、制約していません。「霞が関埋蔵金論争」で著名な高橋洋一氏によれば、例えば「国債整理基金特別会計」には、まだ一〇兆円程度の埋蔵金が存在するということですから、[2]特別会計の事業仕分けを行うことを予定している民主党が、二〇一一年度に限っては、埋蔵金を使って、見かけ上の国債発行額を抑えることは簡単だと思われます。

しかしながら、埋蔵金とは、家電量販店のポイントカードのポイントのようなものですから、「ポイントを使って現金を払わなかったから、今月の家計は節約できた」といくら

2　高橋洋一『日本の大問題が面白いほど解ける本――シンプル・ロジカルに考える――』光文社新書（二〇一〇年）

言い張っても、それは現金を支払ったことと事実上同じであり、全く節約にはなっていません。つまり、埋蔵金充当と、国債発行は、財政的には同じことなのです。

また、埋蔵金は一回限り、使ってしまえばそれっきりの予算ですから、問題は、二〇一二年度以降どうなるかということになります。いずれにせよ、新規国債発行額を四四・三兆円に抑えることができようとできまいと、四四・三兆円という数字にはあまり意味がありません。なぜならば、この四四・三兆円という数字は埋蔵金で操作可能な数字ですし、たとえ四四・三兆円を下回ったとしても、新規国債を発行している限り（四四・三兆円の財政赤字がゼロにならない限り）は、国の借金（債務）がふくらみ続ける事態は変わらないからです。そして、筆者の計算によれば、新規国債発行額が四四・三兆円から半分以下の一六・五兆円にならない限り、債務比率が今後も上昇し続けてゆく事態は避けられません。

世界各国の債務比率との比較

一方、視点を変えて、世界各国の債務比率と比較した場合、我が国の現状はどのようになっているのでしょうか。二〇〇八年秋のリーマン・ショックに始まる世界的不況の影響で、現在、世界各国とも債務比率が上昇している状況にあります。図表1－4は、ＯＥＣ

図表1-4　OECD加盟先進国の政府債務対GDP比率（2010年見通し）

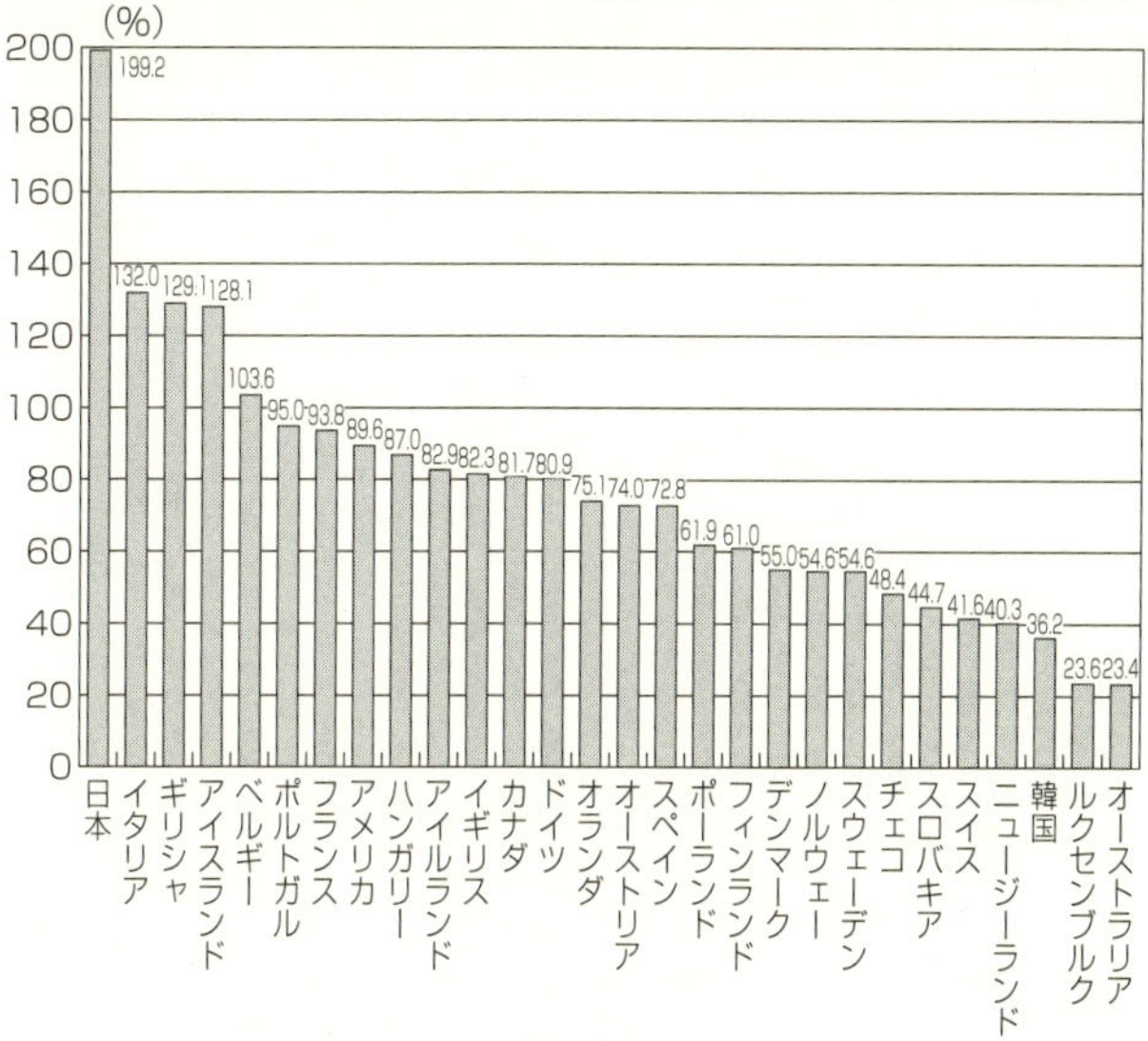

注）OECD Economic Outlook No.87より

D（経済協力開発機構）による加盟先進国の二〇一〇年の債務比率見通しですが、やはり、各国とも高い債務比率となっており、財政悪化に苦しんでいることがわかります。

　こうした中、日本はといえば、やはり、他国に比べて断トツに高い債務比率に陥っていることが一目瞭然です（一番左）。財政危機を引き起こしたギリシャですら、債務比率は一二九・一パーセントにすぎません。その後、財政危機の懸念が飛び火したポルトガルの債務比率は九五・〇パーセント、スペインは七二・八パーセントですから、如何に日本の債務比率が高い水準となっているかがわかります。

こうした中、二〇一〇年六月にカナダのトロントで行われたG20の首脳会議では、二〇一三年までに各国の財政赤字を半減させるとの首脳宣言が採択されました。しかしながら、たった一ヵ国、日本だけは例外扱いされ、財政赤字半減の目標から外されるという不名誉な事態となりました。

実際問題として、現在の一般会計の財政赤字である四四・三兆円を半減させるとなると、約二二兆円分の歳出減か歳入増を図る必要があります。仮に、消費税増税で全て財源を捻出《ねんしゅつ》するとなると、消費税一パーセントで二・四兆円の財源になりますから、少なくとも九パーセント引き上げて消費税率を一四パーセントにすることになります。しかも財政赤字半減までの期間が三年ということですから、一年当たり三パーセントずつのペースで消費税率を引き上げることになってしまいます。実際には、景気回復による税収増もあるので、引き上げ幅はもう少し小さくできるはずですが、いずれにせよ、政治的にも経済的にも短期間での財政赤字半減は非常に困難と言わざるを得ません。日本をG20の中の「異常な国」として、例外扱いにしてもらったことは、確かにやむを得ない措置であったと思われます。

国際公約となった財政健全化目標

ただ、例外扱いとなる代わりに、菅首相は、日本独自の財政健全化目標をG20で公表することになり、現在はこれが、いわば「国際公約」となっています。この日本独自の財政健全化目標は、トロントG20に先立って、「財政運営戦略―国民の安心と希望のために―」と題して閣議決定されたもので、その主な内容は、

①国と地方を合わせたプライマリー・バランス（基礎的財政収支）の赤字を、遅くとも二〇一五年度までにGDP比で半減させ、二〇二〇年度までに黒字化させる。

②二〇二一年度以降も財政健全化努力を継続し、二〇二一年度以降において、債務比率を安定的に低下させる。

というものです。

ここで、プライマリー・バランスというのは、最近、よく聞く言葉です。プライマリー・バランスの赤字額というのは、財政赤字額から国債の元利払いである「国債費」を除いたもので、したがって、財政赤字よりも少し小さな金額（赤字額）となります。「財政赤字額」とは、図表1-1、1-2をよく比較すると、「一般歳出と国債費を合計したものから、税収等（税収+その他収入）を差し引いた額」のことであることがわかり

ます。プライマリー・バランスとは、そこからさらに国債費を差し引くわけですから、結局、「一般歳出から税収等を差し引いた額」ということになります。

こう書くと大変難しいことを言っているように感じますが、イメージしやすいように先の家計の例で考えてみましょう。要するに、プライマリー・バランスの赤字額とは、一家の生活費からお父さんの給料を除いた金額のことなのです。これは、「仮に、これまでの借金と、その利払いのことを忘れたとしても」、「純粋に今月の生活費が多いことによって、どれくらい新しい借金を今月行わなければならないか」ということを見きわめるための指標です。財政赤字縮小のために、まずは乗り越えなければならない最初のハードルを表わす指標と言えるでしょう。

これに対して、財政赤字とは「実際に」新たに借金しなければならない金額で、「一家の生活費＋借金の返済額」からお父さんの給料を除いた金額です。「借金の返済額分」が加わっている分だけ、プライマリー・バランスよりも金額が大きくなります。

実際の二〇一〇年度一般会計予算のプライマリー・バランスの赤字額は、図表1－1、1－2から簡単に計算が出来ます。財政赤字額である公債金四四・三兆円から国債費二〇・六兆円を差し引けばよいのですから、二三・七兆円ということになります。ただ、財政運営戦略は、国だけではなく地方分も含めたベースで考えなければなりませんから、二

○一〇年度のプライマリー・バランスの赤字は、内閣府の試算によれば三〇・八兆円となります。

二〇一五年度までにこのプライマリー・バランスの赤字を半減するとなると、この半分の約一五・四兆円を歳出減か歳入増で調達してこなければなりません。例えば、消費税引き上げでこの分を賄うとなると、消費税一パーセントが二・四兆円ですから、六パーセント強ということになります。さらに、二〇二〇年度までに赤字を解消ということになると、消費税率の引き上げ幅は一三パーセント、消費税率は一八パーセントに達することになります。さらにこの間、社会保障関係費の自然増が年間一・三兆円ずつ積み上がっていることを考えれば、消費税率はもっと高くなる可能性があります。

一方、増税にもかかわらず景気回復が進めばもう少し消費税の上げ幅は小さくすることが出来るはずですが、これでも政府の借金総額である「政府債務額は全く減少しない」ことに注意が必要です。たとえ、プライマリー・バランスの赤字が一〇年後にゼロとなったとしても、その一〇年の間に、新規国債は発行され続けていますから、政府債務はずっと増え続けているのです。

さらに、菅首相は、「強い社会保障」として、増税分は社会保障費拡大に使うという発言を繰り返し行っており、その真意が懸念されます。その場合には、増税で増えた税収を全て社会保障費に費やしてしまうのですから、基本的に、プライマリー・バランスの赤字が大きく減少するはずがありません。景気回復による税収増分がせいぜい期待できる程度ですが、増税によって成長率は下がりますから、あまり大きな期待はできないでしょう。

もっとも菅首相は、二〇一〇年六月に菅内閣が閣議決定した「新成長戦略」によほどの期待をし、高成長によって大幅な税収増がもたらされることを想定しているのかもしれません。それとも、社会保障費以外の歳出削減をよっぽど熾烈《しれつ》に行う覚悟をしているのでしょうか。その意図はよくわかりませんが、いずれにせよ、政治的にも経済的にも、非常に困難な道のりであることは間違いありません。もちろん、増税という手段をまったく行わずに「強い社会保障」だけを行えば、「財政運営戦略」の達成はほぼ不可能です。

三、日本はギリシャになるのか?

危機感の乏しい国債市場

こうした状況下、最近、日本のマスコミにおいても、政府債務の危機に関する特集が盛んに組まれるようになってきました。しかしながら、まだまだ一般の日本国民の間に、財政状況に対する危機感が広がる気配はありません。それは、日本国債の金利が一パーセント台の非常に低い水準で安定し、膨大な新規国債が消化され続けていることからも明らかです。マスコミの過熱する報道にもかかわらず、ほとんど金利上昇の気配すら見られていません。

二〇一〇年三月時点で、日本国債の国内保有率は九五・四パーセントなので、国債のほとんどは、日本国民によって、直接あるいは銀行預金などを通じて保有されていることになります。長期金利が上昇しないということは、日本国民が日本国債を安全な資産であると認識していることを意味します。

二〇一〇年六月に発表された日本銀行の「資金循環統計」によれば、二〇一〇年一－三月期の家計金融資産残高（日本の家庭が保有する貯蓄や株などの金融資産の総額）は、一四五三兆円です。もちろん、この全額が国債購入に充当できるものではありませんが、先の図表1－3の元となった二〇一三年度の政府債務（国債の残高）の見込み額は一一〇六兆円ですから、まだしばらくは余裕があり、新規国債の消化に直ちに困ることはないように思われます。

もっともその後、ますます少子高齢化のペースは加速してゆきますから、社会保障関係費の増加幅はますます大きくなることが必至です。一方で、人口減少、少子高齢化によって経済成長率は今よりも低下し、何もしなければ税収は自然に減少してゆくことでしょう。また、高齢化が進むということは、貯蓄を取り崩して生活する高齢者が増えるということを意味しますので、家計金融資産残高自体も確実に低下してゆきます。

このような状況下で、二〇一五年度までにプライマリー・バランスの赤字半減、二〇二〇年度までに赤字解消というようなスロー・ペースで、日本が財政危機を起こさずに無事に過ごせるかどうかは、やはり「神のみぞ知る」といったところです。もちろん、この国際公約ですら守ることが出来ずに、「強い社会保障」などと言って増税分を社会保障費に全て回したり、あるいは、増税すら行えずに社会保障費を拡大させていけばどうなるでしょうか。このような愚行を繰り返せば、そう遠くない将来において、日本がギリシャのような財政危機に見舞われることは、ほぼ確実のように思われます。

もちろん現時点では、日本とギリシャの状況は相当に異なりますが、問題は恐らくこのままずるずると迎えるであろう「将来」のことなのです。

ハードランディングのシナリオ

その場合、実際に、財政危機はどのようにやってくるのでしょうか。まず、将来のいずれかの時点で、政府債務(国債残高)が、国内の家計金融資産残高のうち国債購入に充てられる限界額を超え、新規国債の消化が国内だけでは不可能な状況になります。そうなると、国債の金利を高くして、日本国債の魅力を高め、海外の投資家に売り込まざるを得なくなりますが、海外の投資家は、リスクに敏感です。

日本政府の財政状況に改善が見られなければ、「日本政府の借用証書である国債を購入しても、将来、きちんと借金を返してもらえないのではないか」と感じて、保有している国債を安値で売却したり、新規国債を購入する際に、リスク分を考慮して高い金利でしか国債を購入しないという行動にでる可能性があります。

「日本政府がきちんと借金を返してくれない」状態になるということは、現在の日本国民にとっては、ちょっと想像ができないかもしれませんが、例えば、日本政府が、戦後インフレの時期のように、政策的に大きなインフレを起こして、インフレ税によって債務を減らそうと考える可能性は否定できません。

既に述べたように、財政法第五条の国会決議の但し書き規定を用いれば、このようなことは可能となりますし、但し書き規定を用いずとも、長期国債の買い切りオペ（日本銀行が政府からではなく、民間銀行が保有している残存期間の長い国債を買い取ってしまう金融政策）を繰り返させることにより、インフレを起こす可能性もあります。その場合には、実際に、「きちんと借金を返してくれない」ことになるのです。

また、何らかのきっかけで、ひとたび、「きちんと借金を返してくれないのではないか」と投資家が思えば、それは急速に自己実現する可能性が高いと言えます。ギリシャのように一気に国債金利が急上昇すれば、日本政府は実際に資金調達ができなくなって（あるいは高金利で新規国債を売却できたとしても利払い費が大きすぎて）、資金がショートし、次々に期日が来る借金の返済（国債の償還）に応じることが出来なくなります。つまり、借金が返せない財政破綻状態ということになるのです。

こうした事態を予想する投資家のマインド変化が、徐々に起きるのであれば、まだ政策的な対応は可能ですが、これまでの歴史が繰り返してきたように、一度、売却され始めた国債は投資家の投げ売りやパニックを呼び、また、ヘッジファンドなどの投機的攻撃にあうことから、一気に暴落する可能性が高いと言えます。

ひとたび国債の大暴落が起きれば、国債を大量に保有している銀行や証券会社の倒産が相次ぎ、ペイオフで守られている一〇〇〇万円以上の銀行預金は失われることになるでしょう。もちろん、小口国債を直接保有している国民も大打撃を受けることになります。また、国内の全ての銀行が深刻な経営危機を迎える状況になれば、法律改正によって、もはや、ペイオフすらも守られるかどうか、定かではないと言えます。

さらに、現在のユーロ安同様、金融危機によって円安が急速に進みますから、輸入品の価格が上昇してインフレーションが起きます。このインフレによって、国債の価値はいっそう下落することになります。また、円安予想によってさらに海外の投資家が国債を投げ売りします。当然、これらの事態によって、国内の景気は急落して、ますます円安、国債価格下落が続くでしょう。このように、国債の大暴落によって、家計金融資産の大半が失われ、最終的に政府債務の解消が行われるというのが、最悪のハードランディングのシナリオです。

もちろん、政府がもっと早い時期に「借金を返さない」とデフォルト宣言を行っても、国債は紙くず同然の価値になりますから、同様にハードランディングのシナリオと言えます。

可能性が高い「外圧」による改革

もっとも、このような国債の大暴落もしくはデフォルト宣言という最悪のシナリオが起きる前に、まずは、日本銀行が国会決議を経て、（急速なインフレを起こさない範囲で）一定量の国債引き受けを実施して、政府の財政破綻をとりあえず防ぐというのが自然な成り行きです。そして、それでも収拾が図られずに財政危機が続けば、世界各国が日本に支援の手を差し伸べる可能性も高いと思われます。世界各国、特に貿易相手国であるアメリカや中国、東南アジア諸国にとっても日本が経済危機に陥ることは望ましくなく、放置すれば、彼等も大きな被害を受けるからです。一番起こり得るシナリオは、現在のギリシャのようにＩＭＦや米国、中国などが緊急融資を行うということだと思われます。

こうなると、まさにギリシャで起きているように、ＩＭＦや米国、中国などの「外圧」によって、急激な財政改革が迫られる可能性が高いと思われます。すなわち、社会保障分野においては、医療費や介護費の大幅削減はもちろん、ギリシャのように年金給付額も大幅カットが迫られると思われます。また、当然、消費税や保険料も大幅に引き上げられることになるでしょう。

このような「外圧」による改革も、国債暴落ほどではありませんが、十分にハードランディングのシナリオと言えるでしょう。なぜならば、緊急融資に伴う改革の負担を一気に背負わされる世代が生じるからです。国債暴落ほどではないにせよ、改革時点の高齢者は既得権を無視されて大きな被害を受けるでしょうし、若者達も財政改革による強烈な景気急落・デフレ経済を経験しなければなりません。もちろん、彼等が将来直面する社会保障制度も、大幅にカットされたものになるでしょう。

また、もう一つ考え得るシナリオは、既に述べた戦後インフレのような「インフレ税」による債務解消です。日銀法改正で日本銀行が極めて高い独立性を有している現在、戦後インフレのような状況を再現する可能性は低いと思われますが、もし起きれば、被害状況は国債暴落、外圧のシナリオと比較して勝るとも劣らないことになります。つまり、どのようなシナリオを辿《たど》ろうとも、ひとたび財政危機が起きれば、ハードランディングのシナリオは避け得ないのです。

そして、当然のことながら、ハードランディングは誰にとっても望ましくありません。ハードランディングでは、現在、利害関係が一致していない高齢者と若者の双方が、共に被害を受けることになるわけですから、今から両者が少しずつ痛みを分かち合うようなコンセンサスを作り、ソフトランディング（軟着陸）する改革を、実行できる余地は存在するように思えます。政府が現在の財政状況をきちんと国民に説明し、国民の間にハードランディングを避けるコンセンサスが出来上がれば、それが唯一、希望の持てる明るいシナリオと言えるでしょう。

日本国民が国債を購入しているので安心？

最後に、一部に根強くある「日本の財政状況は全く危機的ではなく、まだまだ新規国債発行を行って景気回復や経済成長を行うべきだ」という意見について考えてみましょう。こうした主張を行う人々の根拠は、①ギリシャとは異なり、日本国債のほとんどは日本国民が購入しているので安心だ、②たとえ債務比率が二倍になろうとも、日本政府は債務以外に資産を保有しており、純債務比率（「債務－資産」をGDPで割ったもの）は、まだまだ低いので安心だ、という二点にあるようです。

まず第一の日本国債を日本国民が購入しているから安心だという点ですが、確かに、為替リスクのない日本国民が日本国債を購入している以上、海外投資家に比べて、相対的にリスクに敏感に反応していないということは言えます。この点は、ギリシャや他のEU諸国と大いに違う点であることは正しい主張です。

しかしながら、問題は、むしろ今後の話です。既に述べたように、高齢化で国内の家計金融資産が減少し、財政赤字が続いて債務が増加してゆく中では、いずれ日本国民が購入できる限界を超え、海外投資家に国債購入を依存する状況になると思われます。九五・四パーセントの国内保有率ということは、裏を返せば、日本国債は、海外投資家にとっては、ほとんど魅力がない資産であるということです。魅力を感じない海外投資家に購入を頼る時代になれば、それだけ金利も高くする必要がありますし、ちょっとしたリスクに敏感に反応される可能性も高いものと思われます。

また、いくら日本国債の国内保有率が高いとはいっても、その六割以上は、銀行や保険会社、証券会社などの機関投資家であり、(愛国心のある?)個人投資家ではありません。機関投資家は、銀行であれば少しでも高い預金金利、保険会社や証券会社であれば少しでも高い収益率を求められて競争しているのですから、リスクを感じたときの行動変化は非常に早く、激しいものと思われます。つまり、日本国債のリスクに何らかの変化があれば、個人とは異なり、あっという間に売り抜けようとするはずですから、とても安心できる存在とは言えません。二〇一〇年度の「経済財政白書」も、国債の国内保有率と国債金利の間に何の関係もないことを報告しています。

純債務比率は低いから安心？

第二の純債務比率が低いという点は、具体的にOECDが推計を行っており、二〇〇九年一一月末の段階で、日本政府の純債務比率は九六・五パーセント（通常の債務比率はこの段階では一八九・三パーセント）と約半分の大きさとなっています。しかし、資産を除いた純債務比率が、通常の債務比率（区別のために総債務比率と呼ばれます）より低いからといって、直ちに安心であるというわけにはいきません。例えば、経済危機に陥ったギリシャであっても純債務比率は八六・一パーセント（OECDの二〇〇九年一一月推計）と日本よりは低かったのです。財政危機の懸念が飛び火したポルトガルやスペインは、それぞれ五五・六パーセント、三三・二パーセント（同OECD推計）ですから、日本よりもはるかに純債務比率は低い段階のことでした。

また、このOECDの推計において、純債務を計算するために債務から差し引かれている「資産」とは、政府が持つ金融資産を指します。それらは、具体的に、公的年金や雇用保険などの特別会計の積立金や、政府が保有する出資金、貸付金などです。しかし、将来の高齢者の年金支払いのために蓄えてある積立金は、政府というよりは個人に帰属する財産ですから、処分可能な政府資産として扱うことは問題です。

また、第四章で説明するように、日本の公的年金は積立金があっても、実は、それを大幅に上回る債務があります。厚生労働省自身が公表している資料から計算した厚生年金と国民年金を合わせた「債務超過額（国庫負担を含むベース）」は、二〇〇九年時点で八〇〇兆円と、ＧＤＰをはるかに上回る規模に達しています。この債務超過額は、政府のバランスシートではいわば「簿外」の扱いになっているために、政府の債務、純債務には含まれていませんが、本来は、こうした「隠れ債務」もきちんと考慮する必要があります。

こうした隠れ債務は、年金だけではなく、医療保険、介護保険についても同様に存在しており、両者を合計すると六一〇兆円[3]、年金も合わせれば社会保障全体で一四一〇兆円もの規模に達します。これでは、社会保障積立金の存在は、救いになるどころか、むしろその少なさが、大変な不安材料ということになります。

一方、ＯＥＣＤの推計には含まれていない政府が持つ「実物資産」を考慮すれば、さらに純債務比率は小さくなるので安心だという意見もあります。確かに、国有財産、公共用財産などを合計した国の有形固定資産は、二〇〇八年度において、一八三兆円存在していました（財務省「平成20年度　国の財務書類」）。しかし、その約八割の一四三兆円を占める公共用財産は、例えば道路や河川といったものですから、海外投資家に売却して現金化したり、担保に出来たりするものではありません。

こう考えると、政府の資産のうち、イザというときに現金化や担保として処分可能なものは、せいぜい、国有財産（公務員の官舎や国立公園等）、出資金（国立大学法人や独立行政法人、公益法人等に対する出資金）、貸付金（日本政策投資銀行、日本政策金融公庫、日本学生支援機構等の公的機関が貸し付けている融資額）程度ですが、これらをたとえ全て処分、清算したとしてもせいぜい二五〇兆円ほどにしかなりません。

確かに、経済学的に見て、総債務比率よりも純債務比率で判断すべきという意見は正しいわけですが、純債務比率を見たところで、それほど大きな違いはありません。経済学的には総債務比率であろうと純債務比率であろうと、それが増え続け、発散の恐れがあることの方が重大な問題です。

もちろん、今すぐ財政危機が起きる可能性は高くないと思われますが、このままのペー

3　鈴木亘『だまされないための年金・医療・介護入門──社会保障改革の正しい見方・考え方──』東洋経済新報社（二〇〇九年）

スで債務比率が拡大してゆけば、やはり近い将来、財政危機に陥ることは避けられないと言えるでしょう。

第二章　「強い社会保障」は実現可能か？

二〇一〇年六月の鳩山由紀夫首相の突然の辞任に伴い、その後任となった菅直人首相は、就任直後に「強い経済、強い財政、強い社会保障」というスローガンを打ち出し、財政立て直しと経済成長、社会保障の充実を一体とした「第三の道」を進むとの方針を明らかにしました。

すなわち菅首相は、既得権保護のバラマキ、非効率な公共事業が中心であった従来型の経済政策を「第一の道」、小泉構造改革が行った「行き過ぎた市場原理主義」に基づく供給サイドに偏った生産性重視の経済政策を「第二の道」として否定し、それらとは異なる「強い経済、強い財政、強い社会保障」を実現する「第三の道」の経済政策を進めるとしています。

二〇一〇年六月末には、その方針を肉付けするものとして、早速、「新成長戦略〜『元気な日本』復活のシナリオ〜」、「中期財政フレーム」、「財政運営戦略」といった計画が閣議決定されていますが、これらは幾分スローガンに近いものであり、具体的な政策、実行可能な工程作りは、まだまだこれからという段階です。第三の道を行うための財源については、七月の参議院選挙に向けて、菅首相が消費税率一〇パーセントに言及したものの、選挙で民主党は惨敗し、現在、消費税増税論議は全くストップしてしまっています。

この章では、菅首相が主張する「強い経済、強い財政、強い社会保障」、とりわけ「強い社会保障」という政策が実現可能なものであるかを、考えてみたいと思います。「強い社会保障」という考え方は具体的に、①税金を現在よりも多く徴収することによって、②民主党政権が成長分野であると考えている医療や介護、保育分野等の社会保障費を拡大させ、③それによって経済成長や雇用増を生み出す。そして、④その経済成長によって、さらに税収増や社会保障費拡大を目指す「好循環」を図ろうとする政策、と整理することが出来ます。

しかし、現実問題として、そうした都合のよい好循環は本当に実現可能なのでしょうか。そして、税収増による社会保障費拡大は、「成長戦略」もしくは「景気回復策」として、本当に適切な政策と言えるのでしょうか。また、第一章で詳しく論じたように、政府が膨大な借金を抱える中、わたし達には、「強い社会保障」などという政策を実行する余裕が本当に残されているのでしょうか。

一、「強い社会保障」とは何か

単純でわかりやすい「菅流経済学」

「強い経済、強い財政、強い社会保障」という菅内閣のスローガンのうち、「強い社会保障」とは、具体的にどのような政策を意味するのでしょうか。国家戦略担当大臣、財務大臣時代を含めたこれまでの菅首相の発言や、彼が中心になってまとめた民主党政権の二つの成長戦略（二〇〇九年一二月、二〇一〇年六月）から考えると、その骨子は、

（一）増税によって財源を確保した上で、社会保障費の拡大を行って医療、介護、保育分野での雇用創出を行う

（二）社会保障費拡大によって社会保障制度に対する安心感を高め、国民、特に高齢者が過剰に蓄えている貯蓄を取り崩させ、消費を拡大させる

（三）この二つによって、中長期的な経済成長率を高めることができるとともに、短期的に景気回復を行う

という三点にまとめられると思われます。

第一の点について、菅内閣の考え方を概念図にしたものが図表2－1です。①で描かれているのが現状、②が成長戦略を実施した改革後の姿になっています。まず、①を見てみましょう。政府は国民から税金を徴収して、社会保障関係費として医療・介護・保育等の産業に対して公費を支出しています。

菅首相の問題意識は、消費税にせよ所得税にせよ、これまで税率をなかなか引き上げられず、税収が低かったことから、必要な公費が医療・介護・保育等の産業に回らず、成長産業であるはずのこれらの分野の成長を阻害しており、したがってＧＤＰも低くとどまっ

ていたということにあります。
　これを、税収を増やすことによって財源を確保し、政府が医療・介護・保育等の産業に投じる公費支出を増やせば、これら産業が成長し、それが全体のＧＤＰを牽引して、高い経済成長率が見込めるようになるというのが、②に描かれている改革シナリオです。

図表2-1　「強い社会保障」政策が想定する成長戦略の概念Ⅰ

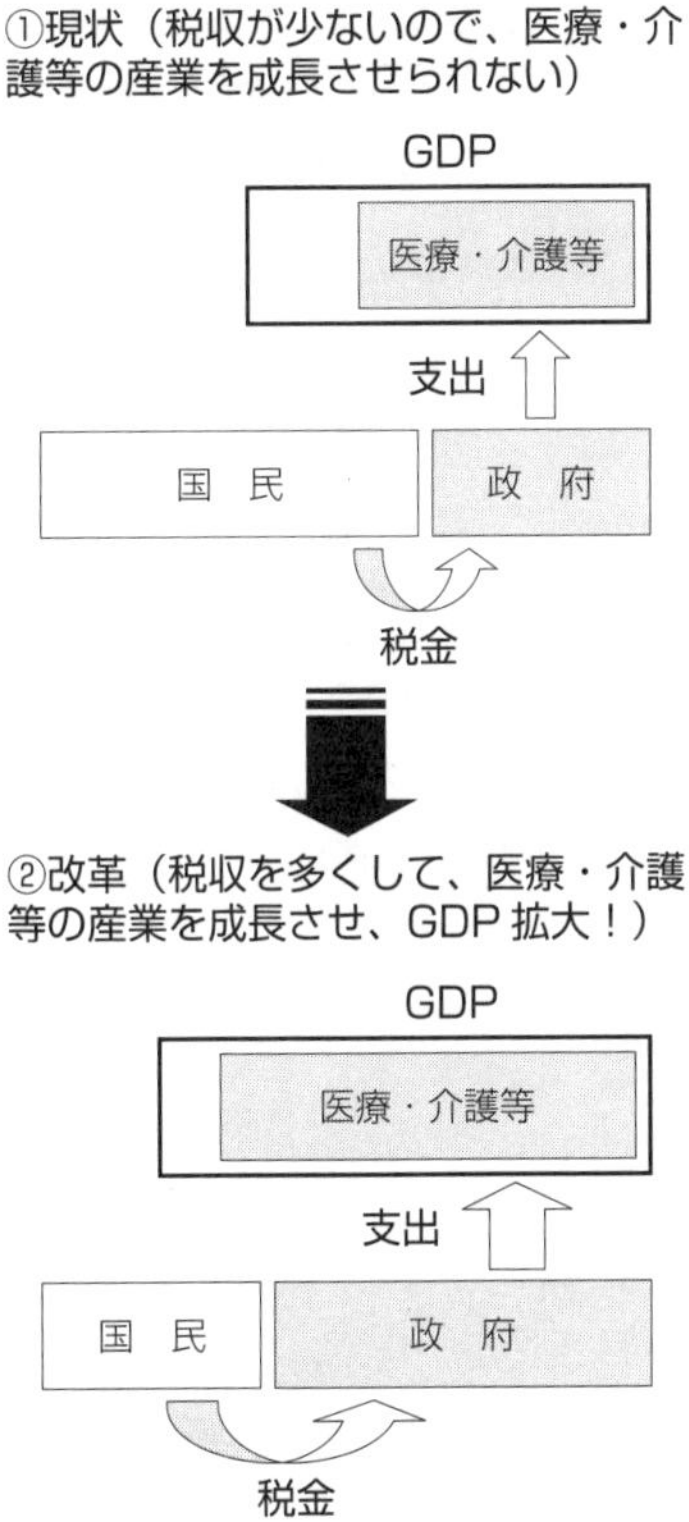

図表2-2 「強い社会保障」政策が想定する成長戦略の概念Ⅱ

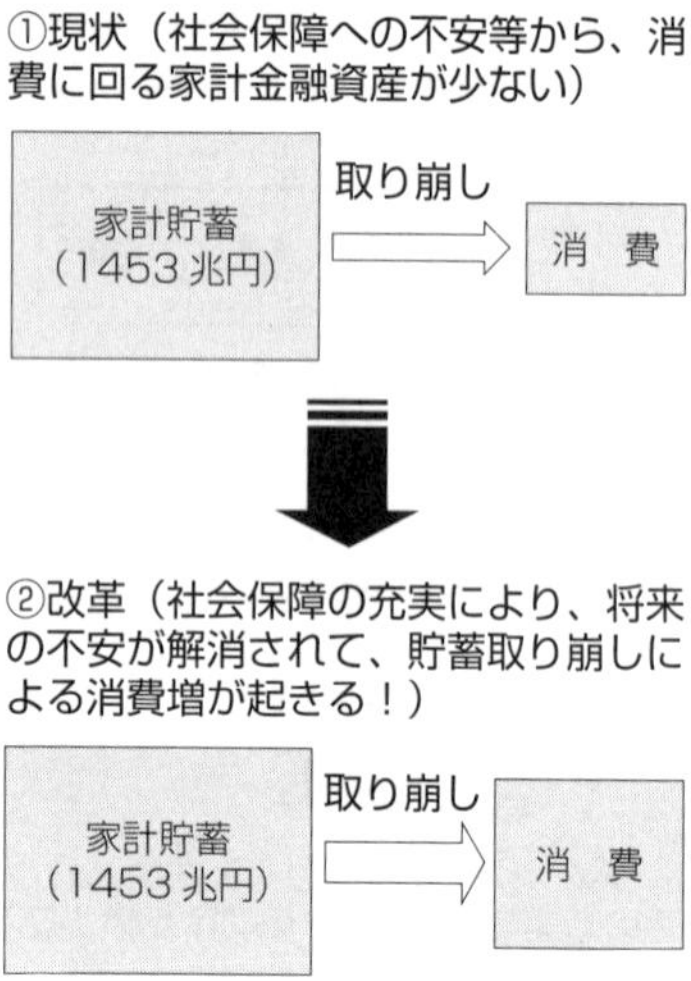
①現状（社会保障への不安等から、消費に回る家計金融資産が少ない）
家計貯蓄
（1453兆円）
取り崩し
消　費
②改革（社会保障の充実により、将来の不安が解消されて、貯蓄取り崩しによる消費増が起きる！）
家計貯蓄
（1453兆円）
取り崩し
消　費

素朴な過剰貯蓄取り崩し論

　次に、先に挙げた骨子の第二点目、社会保障の充実により国民を安心させるという点を概念図にしたものが図表２－２です。これも、①が現状、②が改革後の姿ですが、現状では社会保障制度に対する不安感から、国民、特に家計貯蓄の大半を抱える高齢者がかなり大きな過剰貯蓄を持っているとの認識に立っています（①）。

　これを公費投入によって社会保障費を拡大させれば、社会保障制度に対する安心感が醸成され、国民は、過剰に蓄えていた家計貯蓄を取り崩して、消費を拡大させるだろうというわけです。その結果、消費拡大によって高いＧＤＰ成長率が達成されることになります（②）。既に述べたように二〇一〇年一－三月期の家計金融資産は一四五三兆円もありますから、この一部でも実際に取り崩しが起きれば、消費拡大のインパクトは相当大きいのではないかと期待しているのです。

このように「強い社会保障」という政策は単純で非常にわかりやすく、経済学など勉強したことのない一般国民でも直《す》ぐに、なんとなく理解できるという特徴があります。したがって、現在でも、基本的な考え方には賛成するという国民はかなり多いものと思われます。もちろん、補助金等の公費投入が増えると期待している医療・介護・保育等の社会保障・福祉業界は、もろ手を挙げて賛成しています。

しかしながら、通常の経済学の観点から考えると、これらの素朴な「菅流理論」は、残念ながら、かなり根本的に間違っていると言わざるを得ません。第一に、一国の経済全体を捉える「マクロ」という視点と、個別の企業、産業の立場に立つ「ミクロ」の視点を完全に混同しています。第二に、短期的な景気刺激策と中長期の経済成長の区別も出来ておらず、両者を混同しており、残念ながら、「強い社会保障」は「成長戦略」には全くなっていません。

二、「増税で強い社会保障」では成長しない

潜在成長率とは何か

「経済学の観点」というと、急に難しい話になると敬遠される方がいるかもしれません

が、「強い社会保障」政策のおかしさを理解するのに、高尚な経済学は全く必要ありません。誰でも直ぐに理解できる程度のごく初歩的な経済学から考えて、「強い社会保障」はナンセンスなのです。実際のところ、「強い社会保障」をおかしいと思うか思わないかの違いは、コモンセンス（常識感覚）の有無の問題と言ってもよいかもしれません。

まず、「増税で社会保障費を増やして成長する」という第一の点を検討しましょう。「強い社会保障」というのは「中長期的な成長戦略」の話ですから、日本経済の状態として不況の最中のような「異常時」を想定するのではなく、「平常時」を想定して考えるべきです。平常時というのは、失業や遊休資源が通常並みに発生しているということで、だいたい、日本の「潜在成長率」程度に景気が回復している状態を言います。社会保障費の拡大が、異常時（不況期）の景気対策としてふさわしいかどうかについては、四節で考えるとして、この節では、まず平常時の経済を想定して、強い社会保障が「成長戦略」としてふさわしいかどうかについて議論します。

ちなみに、「潜在成長率」というのは、労働者や設備（資本）などを十分に活用した場合に達成可能な「供給能力から見た」成長率のことで、いわば「日本経済の体力に見合った成長率」、「日本経済の基礎体力としての成長率」と言うことが出来ます。現実の経済成長率は様々な要因により変動しますが、中長期的に均《なら》せばだいたい潜在成長率程度になるので、経済成長の「巡航速度」とも呼ばれています。

例えば、この潜在成長率以上に成長するように、財政支出等で無理に景気刺激を行ったとしても、賃金や設備、資産などの価格が上昇したり、金利上昇などによって他の需要項目が押し出されたり（経済学では、「クラウディング・アウト」と呼びます）、円高を誘発することによる需要減少（経済学では「マンデル・フレミング効果」と呼びます）が起きるなどして、それ以上に成長することは困難です。たとえごく短期間、景気刺激で高い成長率を達成する期間があったとしても、結局は、潜在成長率に押しとどめられることになり、無意味に財政赤字が膨らむだけという悲惨な結果となります。

これは、病気のときに薬を飲めば健康を回復できますが、健康になってから薬をそれ以上いくら飲み続けても、もっと健康にはならないということによく似ています。健康なときに薬をいくら飲んでも意味がなく、結局、薬代がかさむだけの結果となります。もっと健康になりたければ、体を鍛えるなどして、基礎体力を高めなければなりません。

日本の場合、一九九〇年代にはずいぶんたくさんの大型経済対策（景気対策）を行って、盛大に財政支出を行いましたが、結局、経済成長率は低迷を続け、借金ばかりが急増しました。この時期の経済対策の効果については、まだまだ学術的に定説になり得ているわけではありませんが、一つの有力な仮説は、潜在成長率が下がったのに、それに気づかずに無理な景気刺激を行い続けた結果であるというものです。

潜在成長率に近づきつつある日本経済

ところで、政府が試算している現在の潜在成長率は、内閣府が〇・八パーセント、日本銀行が〇・五パーセント程度ですから、現在の最新統計である二〇一〇年一－三月期の年率五・〇パーセントという経済成長率（季節調整済み前期比）は、驚くべきことに、潜在成長率を既に十分に超えています。もちろん、年率五・〇パーセントという数字は瞬間風速ですから、今後もコンスタントにこの高い成長率が続くとは限りません。また、雇用が回復するまでには、経済成長率の回復から二年程度のラグ（遅れ）がありますから、現在の失業率（二〇一〇年五月の完全失業率は、速報値で五・二パーセント）は、まだ高い状況と言えるでしょう。

しかし、そうは言っても、このまま順調に景気回復を遂げてゆけば、日本経済が平常時のペースに戻る日はそう遠くはないものと思われます。つまり、日本経済自体の潜在成長率自体が低下していますので、その低い基礎体力から考えると、平常時にかなり近づきつつあるのです。雇用情勢も徐々に回復してゆくでしょう。逆に言えば、景気対策を行って需要を刺激する余地は、抜本的な規制緩和による構造改革等で潜在成長率をよほど高めない限り、あまり大きくないものと思われます。

増税による社会保障費拡大では成長しない

さて、図表2－3は、図表2－1（「強い社会保障」政策が想定する成長戦略の概念Ⅰ）を現実的に書き換えたものです。先の図表2－1は、医療・介護・保育等の産業だけに焦点を当てた、いわば個別産業からのミクロ的視点の議論であったのに対して、日本全

図表2-3 「強い社会保障」政策が引き起こす実際の変化Ⅰ

①現状（税収が少ないので、医療・介護等の産業を成長させられない）

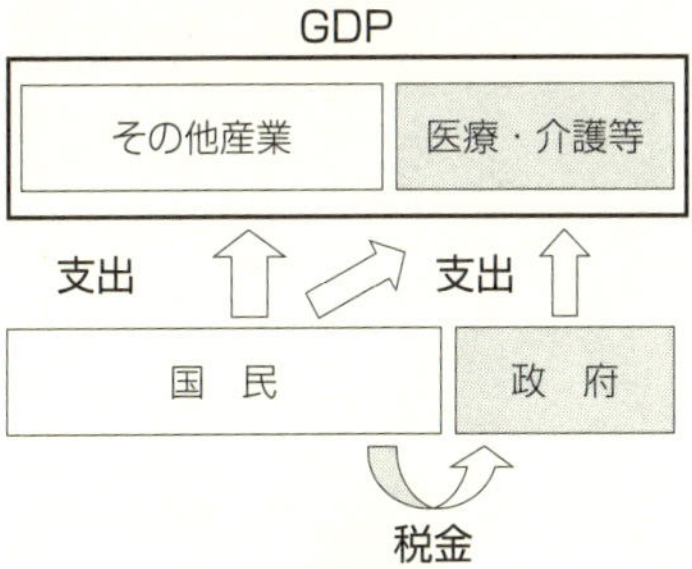

②改革（税収を多くして、医療・介護等の産業を成長させても、GDPは拡大しない。将来的にはGDPの伸び縮小の可能性大）

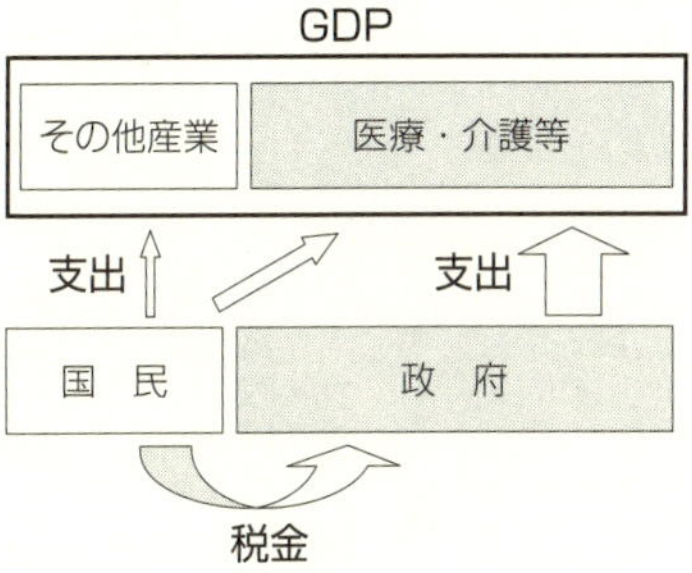

体の成長戦略を考えるには、その他の産業も含めたマクロ的視点で議論を行う必要があります。

そこで図表2－3は、「医療・介護等」に加えて、「その他産業」を図に加えています。まずは改革前の①を見てください。「その他産業」とは、自動車や電気機械を始めとする「医療・介護・保育等の産業以外の」民間産業の全てのことで、医療・介護・保育等の産業とその他産業を合わせて日本のGDPの規模が決まります。それぞれの産業の大きさは、囲みの四角の大きさで表されています。矢印の太さは、流れるお金の大きさを表しています。

ここで、両産業に支出をしているのが、下段の国民と政府です。矢印で示したように、国民は、自動車や電気機械を買ってその他産業に支出したり、(図表2－1には描かれていませんでしたが) 医療・介護・保育等の産業に支出したりしています。医療・介護・保育等の産業は、政府からの公費支出だけではなく、国民から直接の (税金を徴収されて政府を経由するわけではない) 支出も行われているのです。

この国民からの直接の支出とは、〈1〉医療や介護の自己負担分や、〈2〉保険料支払い (保険を通じた産業への支出)、〈3〉保育料の支払い等のことです。また、税収が低ければ政府が支出できる財政規模が小さくなりますが、その分、国民が支出できる原資は大きくなります。図の下段には、「国民」と「政府」の囲みの四角の大きさでそれを表しています。

次に、増税により医療・介護・保育等の産業への公費支出を増やした場合の②を見てみましょう。まず、下段ですが、税金が増えた分だけ、政府支出の規模は大きくなりますが、一方で、国民の支出は小さくなっています。両者を合計した総量は変わりません。

この場合、GDPはどう変わるでしょうか。政府の医療・介護・保育等の産業への公費支出が増えますから、当然、医療・介護・保育等の産業の規模は大きく成長します。しかしながら、税金が増えた分だけ、国民が支出できる原資は小さくなり、その他産業に回る支出が減りますから、その他産業の規模はその分、縮小してしまいます（②の上段）。

つまり、日本全体のマクロ的視点で見た場合、労働力や設備の総量は変わりませんから、医療・介護・保育等の産業の規模が大きくなった分、その他産業にあった労働力や設備が移動させられるだけのことなのです。したがって、②に見るとおり、GDPの大きさは①の現状と全く変わりません。つまり、「強い社会保障」で経済が拡大することはないのです。

賃金インフレによって経済成長率は下がる

現実には、むしろGDPの成長率は低くなる可能性が高いと言えます。その理由は、第一に、医療、介護、保育産業で働く人材は、専門資格を持った医師、看護師、介護福祉士、保育士などです。こうした専門人材を増加させるには一定の養成期間が必要です。例えば医師であれば、六年間かけて医学部を卒業し、その後も一人前の医師となるまでの間、さらに研修や修業する期間が必要です。看護師も医師ほどではありませんが、長い養成期間を必要とします。

介護分野で働く労働者についても、厚生労働省は早晩、介護福祉士の資格取得者以外が介護職員になれない規制を設けることを決定しています。介護福祉士になるには、二年以上の養成施設（専門学校・短大・大学）を出るか、三年以上の現場勤務を経て、合格率五割程度という国家試験に合格する必要があります。さらに、二〇一二年度からは、養成施設卒業者にも国家試験合格が課され、現場勤務ルートも半年の養成施設課程修了が受験要件となることが決まっています。

認可保育所では、まず、保育士資格取得者以外は正規職員（正保育士）として勤務できないという規制があります。保育士資格取得には、二年以上の就学期間のある養成施設を出るか、合格率二割程度という難関の国家試験に合格する必要があります。さらに、高卒の場合には、二年以上の実務経験が受験要件となっています。

このように、医療・介護・保育等の人材供給増・養成に時間がかかる場合、政府がこれらの分野の需要を無理に拡大させると、既存の専門人材を奪い合うことになり、現在既にこれらの分野にいる専門人材の賃金が上昇するだけということになりかねません。つまり、賃金増という価格上昇に貴重な公費が消えて、結局、医療・介護・保育産業の実質的な生産規模は拡大しないのです。この時、増税によってその他産業は縮小していますから、国全体の実質GDPは、むしろ減少することになります。

技術革新を行っている産業が押し出される

第二に、「強い社会保障」によって、医療・介護・保育等の産業がGDP全体に占める割合を高めると、将来の成長につながる技術革新がその分小さくなり、将来の経済成長の可能性を小さくしてしまう可能性があります。常識的に考えて、医療・介護・保育等の産業と、自動車や電気機械、情報通信などを含むその他産業と、どちらが技術革新を起こしやすい分野でしょうか。

介護、保育といった産業は、基本的に人が人の面倒をみるという労働集約的産業ですから、技術革新の余地は極めて限定的です。さらに、第六章、第七章で詳しく論じるように、居宅介護分野はともかくとして、施設介護分野や保育分野は参入規制が厳しく、「護送船団方式」（船団を護衛する際、一番スピードの遅い艦に合わせて、高速の戦艦・巡洋艦のスピードを遅くする航行法。転じて、競争を制限して、最も競争力の弱い供給者でも生き残れるようにする産業政策のこと）とも言うべき競争制限、規制だらけの行政を行っていますから、供給者には、技術革新を行うインセンティブ（動機）がほとんどありません。また、居宅介護分野も最近は、行政による規制が強化されていますので、技術革新が起きにくい状況になってきました。

一方、医療分野については、大学病院などの最先端医療、最先端の薬品開発、医療機器開発の分野では、技術革新が著しいようにも思われますが、実はこれは全体のほんの一部にすぎません。医療産業が行う生産の圧倒的な割合は、通常の開業医、病院などの現場が行う治療行為です。

これらは、そのほとんどが定型化された生産を行っているので、技術革新によって成長する割合があまり大きいとは言えません。また、日本の医療分野は、政府が医療費をコントロールするために、ありとあらゆる規制を行って、最先端医療、薬品、機器の導入を遅らせていますから、人為的に技術革新を押しとどめている分野であると言えます。さらに、医療分野こそ、日本の数ある産業の中でも、規制でがんじがらめとなっている「護送船団方式」の最たる産業ですから、競争によって技術革新を起こすインセンティブも低いと考えられます。

これに対して、自動車や電気機械、情報通信など、日本の成長をこれまでも牽引してきた分野の方が、今後の技術革新も大きいと考えるべきです。「強い社会保障」によって、GDPに対する医療・介護・保育等の産業の割合を高め、その他の産業の割合を低めるということは、まさに、技術革新による今後の成長の可能性を小さくするということに他なりません。したがって、この面からも、「強い社会保障」は、GDP成長率をむしろ低めてしまう可能性が高いと言えます。

三、過剰貯蓄取り崩しでも成長しない

家計貯蓄はタンス預金ではない

一方、図表2－2で表した「社会保障費拡大によって、国民が安心し、過剰貯蓄を取り崩して消費を拡大させる」という成長戦略は、はたして経済学の観点から見て、正しい議論なのでしょうか。言い換えれば、現実的な政策としてははたして機能するのでしょうか。

図表2－4は、図表2－2（「強い社会保障」政策が想定する成長戦略の概念Ⅱ）を、やはり現実的に書き換えたものです。先の図表2－2の議論では、あたかも一四五三兆円の家計貯蓄（家計金融資産）が「タンス預金」でもされているように、何にも活用されていないことが想定されていました。しかし、現実には、一四五三兆円の家計貯蓄はタンス預金されているのではなく、銀行預金をしたり、株を購入したり、国債を購入したりして

図表2-4 「強い社会保障」政策が引き起こす実際の変化Ⅱ

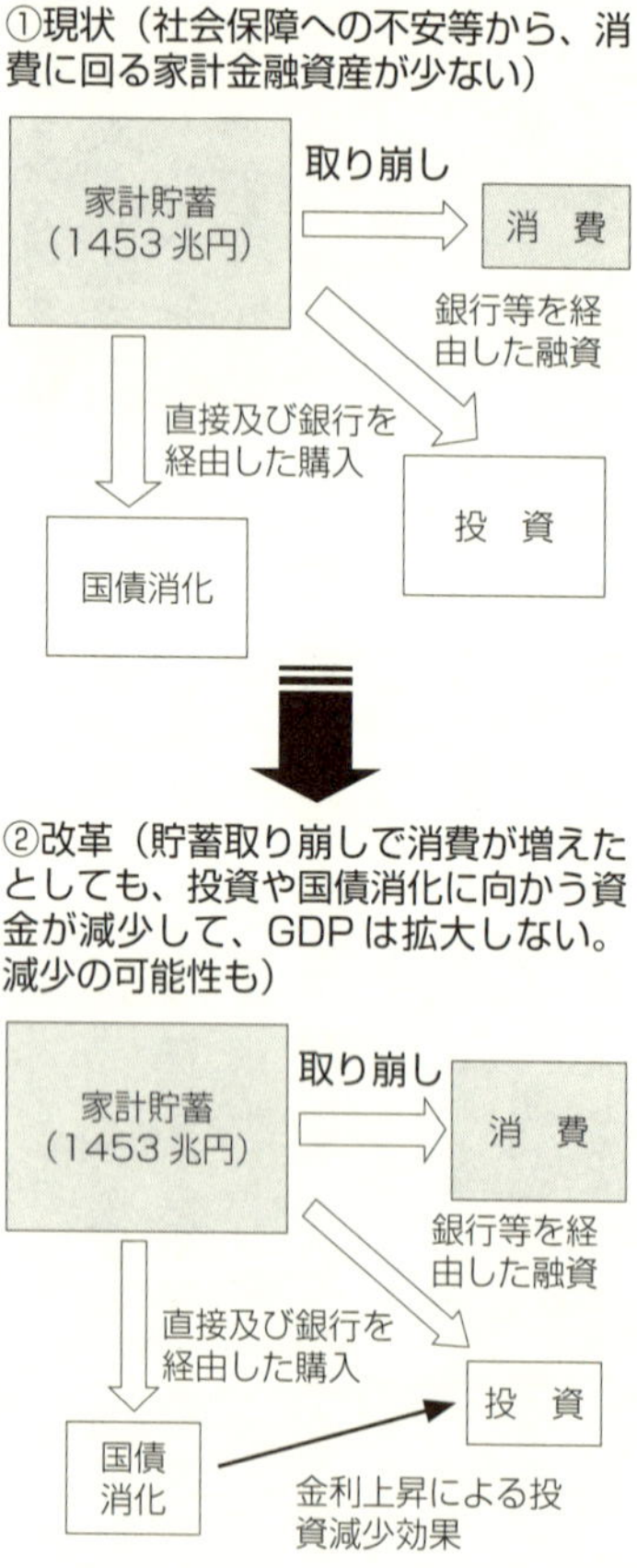

いるわけですから、それぞれその先で資金が循環して、日本経済の各分野で活用されています。

まず、図表2－4の①（現状）をよく見てみましょう。現状では、国民、特に高齢者達が社会保障制度に不安を持っていることから、貯蓄を取り崩して消費に回す割合が小さくなっています。しかし、実際の家計貯蓄は、消費に回る以外にもきちんと活用されていることに注意が必要です。

まず、そのかなりの割合は、銀行預金や生命保険、個人年金、企業年金などを通じて、銀行や生命保険会社などが日本国債を買い支えています（国債消化）。もちろん、個人で国債を購入している人もいます。また、やはり銀行預金は銀行を通じて、企業や個人に貸し出され、企業の設備投資に回ったり、個人の住宅投資に回ったりしています（投資）。国民が家計貯蓄で株を購入していれば、企業に資金調達をさせたことになりますから、これも、大半が設備投資に回ることになります（投資）。

過剰貯蓄取り崩しの副作用

ここで、仮に現政権が、国民の家計貯蓄を取り崩させ、消費を拡大させることに成功したとしましょう。その状況を描いたものが図表2－4の②（改革）です。この場合、確かに消費に回る割合は増えて、需要を拡大させることが出来るかもしれませんが、その代わりに、国債を買い支えたり、設備投資・住宅投資に回る資金量が少なくなることになります。

すなわち、家計貯蓄という資金の貸し手の原資が減るのですから、その分だけ、国や企業などが資金を借り入れる際の金利が上昇してしまいます。金利が上昇するということは、それを借り入れて投資をする場合、儲《もう》けが少なくなってしまうことを意味しますから、当然、企業の設備投資は減少します。また、金利が上昇すれば住宅ローンの金利も引き上げられますから、住宅投資も減少します。

さらに、金利上昇は国債の利払い費が増加することを意味しますから、政府支出として社会保障関係費や公共事業などに回せる分が少なくなります。国債を買い支えている資金が減少して、財政危機が予想されるようになると、第一章で論じたようにさらに大変な事態となります。国債市場で信認を失わないように、財政再建に、より軸足を移す必要に迫られれば、さらに政府支出は減少することになるでしょう。

つまり、たとえ、国民の社会保障に対する不安を取り除き、貯蓄を取り崩して消費に回させたとしても、そこで話は終わって万々歳ということにはならないのです。実際には、金利上昇によって、設備投資が減少する、住宅投資が減少する、政府支出が減少するという副作用を伴いますので、消費が増えた分は他の需要が減少して（先に触れたように、これを「クラウディング・アウト（押し出し効果）」と呼びます）、相殺してしまう可能性があります。

しかも、年間ベースの所得や消費（これを、経済学では「フロー」と呼びます）の変化に比べて、家計の貯蓄、金融資産、国債残高といった過去から累積したもの（これを、経済学では「ストック」と呼びます）の変化は、人々の将来への期待に敏感に反応し、著しい変動をします。したがって、こうした副作用の方がむしろ大きく生じて、貯蓄を取り崩させた方が、かえって成長率を鈍化させてしまう可能性すらあるのです。

また、家計貯蓄はまさにストックの概念ですから、使い切ってしまえばそれでおしまいです。例えば、社会保障制度に不安を感じて過剰に蓄えている貯蓄が数十兆円あったとしても、それを数年で使い切ってしまえば、まさにその期間だけ消費が増えるに過ぎず、中長期的に消費が増えるというわけにはいきません。その意味でも、この「強い社会保障」で消費拡大を図るという政策は、持続可能な成長戦略ではないことが明らかです。

実際に貯蓄取り崩しが起きるかどうかは別問題

しかも、実際には、増税によって社会保障費を増大させても、国民、特に高齢者が安心して、貯蓄を取り崩すとは限りません。第一に、数多くの経済学の先行研究によって指摘されている通り、日本の高齢者は、非常に安全志向が強いため、多少の社会保障充実ぐらいで簡単に貯蓄行動を変えるとは考えられません。

例えば、筆者達は以前、日本銀行に事務局がある金融広報中央委員会が毎年行っている家計の金融資産に関するアンケート調査を使って、介護保険の創設前後で、高齢者達が安

4 鈴木亘・児玉直美・小滝一彦「公的介護保険導入と老後不安感、予備的貯蓄」『経済論集（学習院大学）』45巻2号（二〇〇八年）

心して貯蓄を取り崩したかどうかを研究したことがありますが、結論は、まったく貯蓄を取り崩していないというものでした[4]（前頁欄外に注記）。公的介護保険の導入は理論上、高齢者達が将来、要介護になった場合の金銭的なリスクを大幅に軽減したはずですが、日本の高齢者達はそれでも安心はしなかったのです。

第二に、社会保障費拡大で安心する高齢者は、そもそもあまり貯蓄を持っていない人々であると言えます。実際、金融資産の分布は、ほんの一握りの資産家が日本の家計金融資産の大半を所有するという状況にあります。上位一割（金融資産を多く持っている家庭から順に並べた場合に、上から一割の人々）の資産家が、日本全体の家計金融資産の約五割を所有しています。上位三割では、家計金融資産の約八割を所有していることになります。

このような資産家達は、公的年金額が多少増えようとも、そもそもあまり公的年金に生活を頼っていないのですから、影響を受けるはずがありません。また、医療保険や介護保険の給付が増えても、やはりあまり関係がないでしょう。一方で、社会保障費拡大で安心感を得る「持たざる高齢者」は、そもそも保有する金融資産が少ないので、それを取り崩して消費を拡大させたとしても、日本経済に大したインパクトは与えられないのです。

第三に、社会保障費拡大に伴う増税や国債増発が、将来の不安をさらに増加させる可能性も高いと思われます。いくら増税とは言っても、菅首相は二〇一〇年七月の参議院選挙前に、「消費税を引き上げるのは早くて二～三年後」と明言しています。参議院選挙で与党が敗北した現在は、二～三年後の引き上げすら可能性が低くなりました。つまり、その間は、社会保障費拡大は国債増発に頼らざるを得ませんから、将来、さらに増税幅を拡大させるか、社会保障費の大きな削減を実施しなければならないことを意味します。つまり、現在の社会保障費拡大によって、かえって、将来の社会保障が不安になるのであって、その意味からも、高齢者は貯蓄を取り崩さないように思われます。

また、日本の場合、第三章で説明するように、年金を始めとする社会保障制度は全て賦課方式で運営されているため、現在の社会保障費拡大は確実に、若者世代のより大きな負担増を意味します。このため、高齢者がたとえ貯蓄を取り崩したとしても、若者世代の貯蓄率は増加し、一定程度の効果相殺が起きることになるでしょう。

四、景気対策としても問題の多い「強い社会保障」

成長戦略とは何か

さて、ここで改めて、成長戦略とは何か考えてみましょう。経済学では通常、成長戦略とは「潜在成長率」を高める政策のことを指します。潜在成長率については既に二節で説明しましたが、労働者や設備などの資本を十分に活用した場合に達成可能な「日本経済の基礎体力」としての成長率です。平常時には公的部門はあまり大きくないことを考えれば、これはほぼ、日本経済を支える民間産業が自力で維持できる成長率（自律的な成長率）と言い換えることが出来ます。

したがって、潜在成長率を高めるためには、成長のエンジンである民間産業が、自由に競争して技術革新を起こさせる環境を整えることが一番の方策です。具体的には、①労働市場の規制緩和や、②競争を制限する様々な規制を緩和したり、③民間産業が利用可能な社会資本を整備したり、④恒久的投資減税等を行うことによって、潜在成長率を高めることができると考えられています。

そして、もっとも重要なことですが、これは政府がターゲットにした特定の産業を、公費漬け、補助金漬けにして、政府の財政支出増によって一時的に成長させることではありません。なぜならば、日本経済を牽引する「成長産業」とは、公費や補助金に頼らなくとも、自力で成長できる産業のことなのです。幼稚産業保護政策として、最初の出発点で補助金を必要とすることがあったとしても、いずれ、自力で成長を行い、公費を必要としなくなって高い成長を遂げる産業が本当の成長産業なのです。

逆に、いつまでも公費漬け、補助金漬けのままでいる産業は、財政支出増を続けなければば倒れてしまいますから、財政支出をいつまでも拡大し続けられない状況では、持続的な中長期的成長は維持できません。また、財政支出増は、増税や赤字国債発行によって原資が賄われているので、これは本来は他の産業に回るべき資金や資源を犠牲にしていることに他なりません。つまり、見かけ上、公費漬け、補助金漬けで特定の産業が成長したとしても、犠牲になった他の産業の方が成長率が高い場合には、これは国全体として成長の機会を逃し、結果的に日本経済の潜在成長率を低めていることになるのです。

成長戦略からかけ離れた「強い社会保障」

このような観点から考えて、菅内閣が、医療・介護・保育等の産業を「成長産業」とみなして、それを増大させることは、成長戦略として正しいのでしょうか。日本の医療・介護分野では、自由診療と保険診療を併用する「混合診療」や、「混合介護」が実質的に禁止されているため、公費に頼らない自由診療、私費介護の割合は極端に低い状況です。また、高齢者を中心に、日本の医療・介護の自己負担率は極端に低いため、日本の医療・介護費の大部分は保険給付費であると言えます。

このうち、既に第一章で述べたように、七五歳以上の高齢者が加入する医療保険である「後期高齢者医療制度」や、自営業や農林水産業、無業者が加入する「国民健康保険（国保）」の保険給付費の半分は公費で賄われています。また、中小企業のサラリーマンが加入する「全国健康保険協会管掌健康保険（協会けんぽ）」の一・五割程度、公務員の医療保険（共済組合）の事業主負担分も公費が投入されていますので、医療保険給付費全体の約四割が公費負担となっています。また、介護保険に至っては、公費負担は保険料収入を超える六割近くに達しています。介護施設や医療機関の建設に対する補助金、公的施設の建設費なども、もちろん、公費で賄われています。

　保育分野についても、第七章で詳しく説明するように、その中心である認可保育所は、運営費の約八割を国や自治体による公費投入に頼っています。[5] 親たちの支払っている保育料はサービス内容に対して低すぎ、運営費のわずか二割強を賄っているに過ぎません。また、運営費以外の建設費・施設整備費（私立保育所、公立保育所）や用地取得費（公立保育所）も、多額の公費補助金が投入されています。

　つまり、日本の医療・介護・保育産業は、多額の公費投入によってかろうじて支えられている産業であり、その需要が旺盛なのは、公費投入によって保険料や自己負担のダンピングが行われているためと考えられるのです。したがって、当然、公費に頼らず自律的な成長が期待できる分野ではありません。こうした分野を拡大させれば、自動的に多額の財政支出増となることを考えれば、これは成長戦略というより、持続不可能な一時的な財政政策と見た方がよいでしょう。年金についても、基礎年金財源の半分が公費負担ですから、その規模拡大や充実には、自動的に公費の増額が伴います。

しかも、公費以外の保険給付費についても、日本の社会保障制度は全て賦課方式で運営されていますから、現在の高齢者達は、自分が若い頃支払った保険料総額以上の社会保障給付を受けています。つまり、現在の現役世代や将来世代からの補助金で、医療や介護の料金がディスカウントされているために、本来あるべき水準よりも大きく需要を拡大させていると解釈できます。

さらに現状では、賦課方式の下ですら財政収支を均衡させられず、赤字国債発行により、将来世代にさらなる負担の先送りをしている状況です。このように、将来に借金を回しての社会保障費拡大は、単なる「需要の先食い」と呼ぶべきです。この刹那的とも言える需要の先食いが、持続可能ではないことは明らかであり、増税による社会保障費拡大は、皮肉にも、成長戦略からはもっともかけ離れた政策であると言わざるを得ません。

また、社会保障費拡大は基本的に「消費」に消えてしまいますから、将来の成長に繋《つな》がるような社会資本も整備されません。もちろん、公費の一部は、例えば、現在不足してい

5　鈴木亘「一〇章　保育サービス準市場の現実的な制度設計」宮島洋・西村周三・京極高宣編『社会保障と経済1』東京大学出版会（二〇〇九年）

る介護施設の建設等に回りますから、将来も価値を生み出す「投資」としての側面が皆無であるとまでは言えません。

しかしながら、施設介護分野は参入規制に守られ、競争に晒されていない「護送船団方式」の産業であることに注意が必要です。このため、例えば、特別養護老人ホームの「一ベッド」当たりの建設費は、都市部では単価が約二〇〇〇万円にも上っていますから、公費の使い道としては恐ろしく非効率な支出であると言えます。これは医療や保育分野も多かれ少なかれ同様であり、つまり、社会保障費は、社会資本の整備としての側面が非常に乏しいと言わざるを得ません。

景気対策として不適切な社会保障費拡大

以上の議論から、社会保障費拡大を成長戦略と見ることは適切ではないことがご理解いただけたと思いますが、一方で、社会保障費拡大を景気対策として見る考え方は妥当なのでしょうか。

社会保障費に限らず、公共事業でも何でも、一般的に公費をかければそれだけの政府支出という需要が増加しますから、経済成長率が「潜在成長率」を下回る不況期においては、GDPを押し上げることができます。一般的には、こうした景気対策を行うときには、（景気を悪化させる）増税を同時に行うようなことはしませんが、増税をしながら政府支出を拡大したとしても、「理論的には、ＧＤＰの押し上げ効果はプラスである」と考えられます。

ジョン・メイナード・ケインズというイギリスの経済学者が生み出した「ケインズ経済学」の一番単純な理論では、同額の増税によって政府支出増を行うと、ちょうど政府支出を行った金額分のＧＤＰ増がもたらされる（これを経済学では、「均衡予算乗数が一である」といいます）と考えられています。

しかし、この増税による政府支出は、何も、社会保障費の拡大である必要はありません。教育費の拡大や評判の悪い公共事業費拡大でも何でもよいのです。菅首相は、「公共事業中心の『第一の道』では、全国で九八もの地方空港を作ったが、ハブ空港（国際路線に乗り入れている拠点空港）は一つもないなどという非効率な投資が行われた」という批判をよく口にします。しかしながら、これは、これまでの公共事業が、きちんとコスト・ベネフィット（対費用効果）を計算した効率的な投資を行ってこなかったことに問題があるわけで、公共事業自体が問題なのではありません。

むしろ望ましい公共事業

コスト・ベネフィットをきちんと計算した効率的な公共事業が行われるのであれば、むしろ社会保障費拡大による景気対策よりも、潜在成長率にとって望ましい面があります。それは、社会保障分野は、基本的に消費としてその時に使われてしまうものであるのに対して、公共事業には、将来の潜在成長力を押し上げる「社会資本整備」という投資の側面があるからです。

これは個人の話に置き換えれば、世帯主が失業して家計が苦しくなったときに、残った貯蓄を将来への投資に回して、一生懸命勉強して耐えるのか、それとも、残った貯蓄を消費して食べ尽くしてしまうのかという話に似ています。効率的な公共投資や教育費拡大は、まさに苦しい時の将来への投資の側面がありますから、将来、成長の果実が実る可能性があります。それに対して、社会保障費の拡大は、基本的に刹那的消費拡大に過ぎませんから、少ない貯蓄をさらに食べ尽くす浪費行為と言ってよいでしょう。

景気対策としての社会保障費拡大が、さらに問題であることは、この分野でひとたび増やされた財政支出は、すぐさま既得権として固定化されるので、景気が回復したからといって直ちに取りやめることが出来ないことです。例えば、景気対策として公費で設立した特別養護老人ホームに、いったん高齢者を入れた場合、景気が良くなったからといって彼らを追い出せるかどうかを考えれば、この点は明らかでしょう。公共事業のように景気の変動によって柔軟に調整可能なものでなければ、景気刺激策として用いることは適切ではないのです。

医療・介護・保育業界の中には、なんとか自分たちの業界に利益を誘導するために、「社会保障費を拡大した上で、負担である保険料や消費税を、景気に合わせて上げ下げすれば、景気変動に対応できる」と主張する人々がいるようです。しかし、こういう主張をする人々はおそらく、日本という現実の国に住んだことがない人々なのでしょう。

景気に応じて、保険料や税を上げ下げするようなことは、日本の歴史上、政治的に可能であった例《ためし》があるでしょうか。税収が上がれば、既存の既得権益団体が、自分達への補助金増額や利益誘導を目指して必死の運動を繰り広げ、その税収増をすぐに使い尽くします。これは、菅首相の増税発言で、医療・介護・保育業界が勢いづいて政治運動を活発化させたことをみれば、明らかでしょう。

産業連関表を用いた経済学の誤用

ところで、社会保障費拡大を景気対策や成長戦略として支持する人々が、しばしばその根拠として挙げるのが、「産業連関表」による医療・福祉産業の波及効果の大きさです。

「産業連関表」というのは、筆者が生まれるはるか以前、「大昔の経済学」で用いられていた歴史上の道具で、もはや半世紀ほど前に学術研究は完全に終わり、現在の大学経済学部では、あまり教えられることはありません。

しかしながら近年、なぜか医療・福祉関係の人々によって、彼らに都合の良い結果が出るせいなのでしょうか、盛んに用いられるようになってきました。経済学者の知らないところで、大変な「産業連関表ブーム」が起きていると言えます。

産業連関表というのは、簡単に言うと、一時点の産業間の経済取引を詳細に表した統計表のことです。ある産業が他の産業から原材料や中間製品を購入して、どの産業に販売しているのかというお金の流れを、縦横に羅列した行列（マトリックス）で表示しています。これを活用すると、例えば政府支出として、ある産業に公費投入が行われた場合、その産業だけではなく、それ以外の各産業にお金の流れが波及し、最終的にどの程度、GDPを増加させるかといったことを推計することができます。あるいは、そのGDP増加に伴って、各産業でどの程度、雇用が生み出されるかということも推計できます。

ただし、産業連関表は、ある一時点の産業間の経済取引を、写真のように「瞬間的に切り取った」ものに過ぎないので（経済学ではこれを「静学」と呼びます）、時の流れの中で、現実のGDP増加や雇用増が、産業連関表の推計の通り生じるとは限りません。例えて言えば、産業連関表は写真のスナップショットにすぎず、現実はビデオの動画のようなものです。

スナップショットから次に起きることをいくら想像しても、現実にビデオにとった動画が、それを実現しているとは限りません。スナップショットで大ジャンプしている写真の次に、動画では大転倒していることもあるのです。産業連関表による波及効果の推計には、実際には多くの限界があり、その推計結果が現実的であるためには、いくつもの前提条件が満たされなければなりません。しかしながら、医療・福祉産業への公費投入を正当化するために、医療・福祉関係の人々によって産業連関表が用いられる場合、こうした前提条件は全く無視されていることが多いようです。

例えば、日本医師会のシンクタンクである日本医師会総合政策研究機構は、医療・介護部門の入った最新の産業連関表を用いて、下記の結論を公表しています（難しい専門用語は筆者が意訳をしています）[6]。

①公費投入による波及効果（GDPの押し上げ効果）は、公共事業のほうが、医療・介護産業よりも大きい。

6　前田由美子「医療・介護の経済波及効果と雇用創出効果―2005年産業連関表による分析―」日医総研ワーキング・ペーパーNo.189（二〇〇九年）(http://www.jmari.med.or.jp/research/summ_wr.php?no=401)

②しかし、医療・介護産業の方が売上高あたりの雇用者数が多いので、公費投入による雇用創出効果は、医療・介護産業の方が大きい。

③医療、介護、公共事業にそれぞれ公費一兆円を投入したときの雇用創出数は、医療五一・八万人、介護六二・九万人、公共事業一六・五万人と計算された。つまり、公費二兆円（医療、介護それぞれ一兆円）を投入すれば、一〇〇万人以上の雇用を創出できる。医療・介護を軸とした雇用拡大政策に期待したい。

規制産業には産業連関表は当てはまらない

ここで注意しなければならないのは、産業連関表というのは現在の「雇用者数／売上高」比率（雇用係数）が一定で変わらないと仮定していますから、医療・介護産業で、雇用創出数が多いということは、①この分野で非正規労働者や短時間労働者が多く、②彼らの賃金が低いことを意味しているにすぎないことです。ただ単に賃金が安いから多くの人々を雇えるのです。産業連関表云々は全く関係がありません。

介護産業の場合は、労働者の賃金が非常に低いことが問題となっていますが、医療分野についても、医師や正看護師のような高給取りがいる一方で、所得の低い非正規労働者や、短時間労働者が多いのでしょう。いくら雇用創出数が多いとはいえ、こうした低賃金労働の現状を放置していてよいのかというのが第一の問題点です。

第二に、既に述べたように、この分野の雇用者は、医師や看護師、介護福祉士や介護ヘルパーなどの専門の国家資格を必要とします。いくら公費を投入して、雇用を増やそうとしても、一朝一夕に資格者が増えるわけではありません。特に、医療分野では、その中心の労働力である医師を育てるには、大学医学部で最低六年、一人前の医師になるまでさらに長い時間がかかります。他の資格も二〜三年単位の育成期間が必要です。

先にも説明したように、国家資格を持つものの数が決まっている中では、公費投入をしてその産業を拡大しようとしても、資格者の奪い合いが始まるだけです。その場合、公費投入は、数量の拡大ではなく、既存の資格者の賃金上昇によって吸収され、新たな雇用創出が「現実」に起きるかどうかはかなり疑問です。

また、最近の社会福祉法人、医療法人の経営状況を考えると、「公費投入→産業拡大→資格者の賃金上昇」という変化と同時に、「公費投入→内部留保・余剰金の拡大、もしくは、理事長や役員の役員報酬引き上げ→産業拡大は起きず」ということになる可能性も高いものと思われます。

結局、産業連関表は一時点のスナップショットにすぎませんから、産業連関表を用いた分析には、①公費投入をしても賃金が上がらない（変化しない）、もしくは、②公費投入をしても、内部留保・余剰金、役員報酬に回る率が変わらないという「強い仮定」が置かれていることに注意が必要なのです。

この仮定は、参入規制が全くないような競争的な産業で、なおかつ、雇用の流動性が高い場合には、ある程度当てはまると考えられますが、医療・介護・保育のような「規制産業」では全く現実的ではありません。つまり、この医療・介護産業に産業連関表を当てはめて、波及効果や雇用創出効果を分析するのは、非現実的な「経済学の誤用」と言わざるを得ないのです。

それでも成長戦略と言い張る医療業界

それでも、産業連関表を使って「おかしな経済分析」をする人々、特に医療関係者の中には、「医療産業の波及効果は、その他の産業よりも高いので、医療産業は成長産業である」として、医療産業への公費拡大を「成長戦略」として、正当化しようとする人々がいます。

しかし、まず第一に、これは事実に反しています。先の日本医師会総合政策研究機構の分析結果ですら、非効率と批判される公共事業の方が、医療産業への公費投入よりも、波及効果が大きいことを報告しています。しかも、既に述べたように、医療産業のような規制産業の波及効果の推計は、明らかに過大で信用できません。

　第二に、公費への依存率が高い医療産業と、公費にそもそも依存していない「その他の産業」を比較しても、成長戦略としては、あまり意味がありません。既に述べたように、成長産業というのは、公費に頼らずとも自律的に成長する産業のことですから、現在の日本の医療産業が成長産業ではないことは明らかです。

　第三に、公費に頼って医療産業を拡大させてゆくということは、その公費拡大を行う分だけ、国民から増税という形で所得を奪い、本来であれば、その他の産業に向かっていたであろう「お金」を縮小させています。公費による医療産業の拡大は、その副産物として、その他の産業の縮小を伴うのです。したがって、医療産業拡大が、国全体の成長率にどう影響するのかを議論するためには、医療産業の拡大と、それによって割を食うその他の産業の縮小を差し引きして、トータルの効果を考えなければ意味がありません。既に述べたように、それはプラスマイナスゼロか、将来的にはマイナスの効果を持っていると考えられます。

　第四に、より根本的な問題ですが、スナップショットの産業連関表の波及効果と、成長戦略にとって重要な「潜在成長率」はそもそもあまり関係がない概念で、産業連関表で成長戦略を議論すること自体に、実は、ほとんど意味がありません。

もし、医療産業を成長産業にしたいのであれば、現在のように規制でがんじがらめになっている状況を改め、公費漬け、補助金漬けの護送船団方式から決別させるような「抜本的な構造転換」を図るより手はありません。これは、介護産業や保育産業についても同様に当てはまります。しかし、現政権が、各業界の既得権益団体と対峙《たいじ》し、よほどの規制緩和策を断行しない限り、それは不可能でしょう。第八章で述べるように、現政権が勇気と正しい知識をもって、この分野の規制緩和策に取り組むことができれば、医療・介護・保育産業は、その時初めて、成長産業と呼ぶことができるようになるかもしれません。

第三章

世界最速で進む少子高齢化、人口減少のインパクト

二〇一〇年七月に行われた参議院選挙では、菅首相の下、「社会保障財源としての消費税率一〇パーセントへの引き上げ」に言及した民主党が大敗北に帰し、改めて消費税に対する国民の抵抗感の大きさを印象付けることになりました。

もっとも、国民が、①消費税引き上げ自体に反対したのか、②消費税引き上げ自体はやむを得ぬと思いつつも、準備不足のまま唐突に一〇パーセントという数字を挙げ、複数税率や消費税還付などで二転三転する菅首相の軽率さに拒否反応を起こしたのか、③「強い社会保障」というスローガンを掲げ、消費税率の引き上げを財政赤字縮小ではなく、またもや社会保障費拡大やバラマキの継続に充てようとしている政策姿勢に反対したのかは、意見の分かれるところです。

恐らくは、そのどれもが一定程度、当てはまるのでしょう。選挙前、社会保障や社会福祉の専門家や業界関係者は、「強い社会保障」を歓迎し、「国民は、消費税引き上げを既に受け入れている」というような安易な楽観論を唱える人々が多くいました。しかし、これらの楽観論は、いわば「書生論」、「机上の空論」にすぎなかったのであり、現実には、日本国民の本音はもっと厳しいところにあったのです。

いずれにせよ、「消費税引き上げ」というテーマは、相当の覚悟と周到な用意をもって臨まなければならないものであることを、高い学習費を支払って、民主党政権はよく理解したことでしょう。

一、さらに遠退いた消費税率引き上げの実現

景気回復後の消費税引き上げは囚人のジレンマ

しかし、今回の参議院選挙の結果、ほぼ確実に言えることは、次回の衆議院選挙までの間の消費税引き上げは、ほぼ絶望的になったということです。そして恐らくは、三年後の次回衆議院選挙どころか、さらにそのずっと後まで消費税引き上げはなされないか、あっても小幅の引き上げに留まり、財政赤字縮小にあまり寄与できないことでしょう。この理由は今回、与野党ともに「消費税は鬼門」という政治家のジンクスがますます強まったから、ということではありません。

今回、民主党の参議院選挙敗北で、衆議院と参議院のねじれ現象が生じてしまいました。そのため、民主党は野党との政策協調をしながらしか消費税引き上げの議論を進められませんが、その政策協調は、構造的に「至難の業」なのです。民主党は、消費税引き上げについて、与野党による超党派の協議を行うと二〇一〇年の参議院選挙マニフェストに明記しました。しかし、よほどのことがない限り、この超党派協議は機能しないと思われます。

図表3-1　景気回復後の消費税引き上げを巡る「囚人のジレンマ」

与党の選択肢

野党の選択肢	A 消費税引き上げ	B 引き上げない
A 消費税引き上げ	①与党・野党互角（日本にとって最も望ましい）	②与党大勝、野党敗北
B 引き上げない	③与党敗北、野党大勝	④与党・野党互角（日本にとって最も望ましくない）

これは、経済学（ゲーム理論）において、「囚人のジレンマ」（二人の囚人が、別々に尋問されると互いに疑心暗鬼となり、両者にとって損となる自白をしてしまうというジレンマ）と呼ばれる典型的な状況で説明できます。今、与党・野党ともに、「A 消費税引き上げ」、「B 消費税を引き上げない」という二つの選択肢を持っているとします。図表3－1の①～④の部分は、与野党がそれぞれの選択肢をとった場合の各状況について表しています。もちろん、景気が回復する前に消費税を引き上げることは望ましくありませんが、中長期的に、日本にとって最も望ましい状況は、与野党による協議によって、双方とも消費税引き上げに合意して財政赤字を減少させる①の状況です。

しかしながら、与党が「A 消費税引き上げ」にコミットしたまま、野党が次の選挙前に、「B 消費税を引き上げない」として選挙に臨んだらどうなるでしょうか。この場合、③のように、野党が大勝、与党が敗北ということになる可能性が高いと思われます。

もっとも、「多少の消費税引き上げはやむなし」と考える国民も少なからずいることを考えると、もうすこし現実的なシナリオとしては、野党は「B 消費税を引き上げない」というよりも、与党に高い消費税率引き上げを掲げさせたまま、それよりも低い消費税率を提示することの方が、選挙対策としてはよいかもしれません。単純化のために、低い税率を選択することも、「B 消費税を引き上げない」の選択肢に含まれているとしておきましょう。

一方、②のように、野党に「A 消費税引き上げ」にコミットさせたまま、与党が「B 消費税を引き上げない」を選択して選挙に臨めば、与党が大勝できることになりますから、与党としても消費税を引き上げない、もしくは、野党よりも低い消費税率を掲げることがベストな戦略となります。

双方ともそう考える結果、与野党とも「B 消費税を引き上げない」という選択肢を選び（④）、超党派の協議でも消費税引き上げに合意が出来ないということが最も起こり得るシナリオでしょう。これは同時に、財政危機に向かってひた走る日本経済にとってのワースト・シナリオです。

もっとも、以前の自民党のように、長期政権を保っている与党であれば、多少の選挙の敗北を伴っても、将来の政策運営の状況を考えて、消費税引き上げを固守するということがあり得るかもしれません。しかし、次回の衆議院選挙で与党の座を保つことができるかどうかわからない民主党にとって、その後の将来の状況を考える余裕はないでしょう。

また、アメリカやイギリスのように、二大政党制であれば、いずれ近い将来、どちらもが与党になる可能性が高いので、将来のための責任ある合意が、二つの政党間で形成される可能性があります。これは二大政党が長期契約に伴う一種のカルテルを結ぶことの良い効果です。

しかしながら、現在のように、みんなの党や公明党がキャスティングボードを握り、政界再編というような政局も考え得る中では、こうしたカルテル形成も望み得ません。次回の衆議院選挙で、消費税引き上げを明記しない政党、あるいは、消費税引き上げ幅を小さくする政党が現れて支持を伸ばすことが明らかであれば、民主党や自民党といえども、消費税引き上げ時期をさらに先延ばししたり、引き上げ幅を小さくする可能性が高いと思われます。

進むも地獄、引くも地獄

その意味で今回、国民は、知ってか知らずか、「消費税を相当の長きにわたって引き上げない」、「引き上げたとしても、消費税率の引き上げ幅は小さくする」という選択肢を、はからずも選んでしまったことになります。このため、第一章で述べた将来の財政危機を避けるためには、当分の間、この消費税引き上げ以外の選択肢を選ばざるを得なくなったと言えるでしょう。

そうした財政赤字削減のための選択肢としては、まずは、消費税以外の負担引き上げ策（保険料引き上げ、所得税引き上げ、相続税・固定資産税の引き上げ等）が考えられます。しかしながら、「後期高齢者医療制度」を巡るわずかな保険料引き上げに、高齢者達があれほど抵抗したことからもわかるように、これらの負担引き上げ策も、政治的に相当に難しいハードルと言わざるを得ません。

もう一つの財政赤字削減策としては、社会保障関係費を中心とした大胆な歳出削減策が考えられます。また、規制緩和による財政支出を伴わない成長戦略の実行と、それによる税収・保険料収入増も一案です。しかしながら、これらは、まさに小泉構造改革がかつて目指した方向性であり、日本国民（というより社会保障業界）は、それに耐え切れずに挫折した苦い経験があります。

このように考えると、どれひとつをとっても、楽な道は一つもありません。「進むも地獄、引くも地獄」とは、まさにこのことです。しかし、財政破綻という最悪の選択肢を避けるためには、苦しい道でも進まざるを得ません。

本書を通じたテーマは、まさに、「わたし達はどのような選択肢（あるいは、その組み合わせ）を選ぶべきか」という点にありますが、この第三章では、まずはその出発点として、「一体何故、わたし達は、このように苦しい立場に追い込まれてしまっているのか」という原因について、詳しく考えてみることにしましょう。そして、この苦しい立場は、一体いつまで続き、今後、どれくらい深刻度を増すのでしょうか。

二、人口構成の急変が全ての震源

戦争直後の状態に戻る労働力

社会保障財政の問題を考えるに当たって、もっとも重要なその規定要因は、日本の人口構成の変化です。日本は今後、世界最速の人口減少、少子高齢化が進み、人類がかつて経験したことのほとんどない「前人未到の領域」に入ることになります。

まず、日本が今後体験する人口変化の凄《すさ》まじさを直視することにしましょう。図表3－2は日本の生産年齢人口の推移を描いたものです。生産年齢人口とは、一五歳から六四歳の現役層のことであり、労働力として日本の経済成長に貢献し、保険料を支払って高齢者の年金や医療、介護を支えてくれる人々のことです。二〇〇九年までの生産年齢人口は実績値、二〇一〇年以降は厚生労働省（国立社会保障・人口問題研究所）が行っている人口予測

図表3-2　日本の生産年齢人口の推移

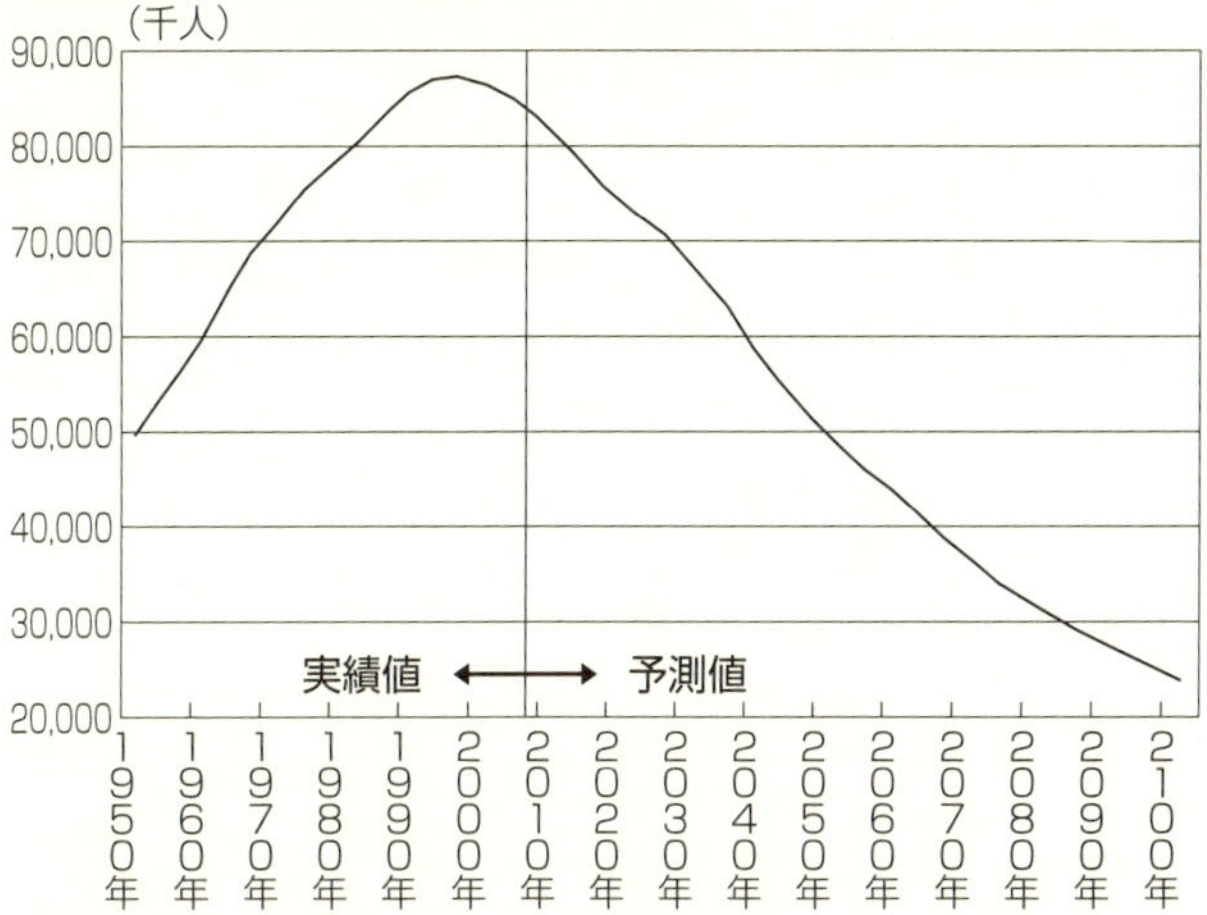

注）2009年までは実績値（総務省統計局「国勢調査」および「人口推計」)、それ以降は予測値（国立社会保障・人口問題研究所「日本の将来推計人口〈2006年（平成18年）12月推計〉」の中位推計）

値を用いて描いています。

図表３－２に描かれたきれいな山のようなグラフは、まさに日本経済、日本の社会保障制度にとって、悪夢と呼ぶべき衝撃的なグラフです。既に、一九九五年の約八七〇〇万人をピークに生産年齢人口は減少しており、今後、まさに坂道を転げるようにして人口減少が加速してゆきます。

二〇一〇年現在、生産年齢人口はすでに約八一〇〇万人と一九八五年（昭和六〇年）ごろの水準に戻っていますが、現在は、人口減少が始まって間もない時期なので、たいていの人はまだその影響をほとんど感じていません。しかし、今から二〇年後の二〇三〇年には約六七〇〇万人と、ピーク時から二〇〇〇万人も消失し、だいたい一九六五年（昭和四〇年）ごろの水準に低下してしまうのです。

さらにその後も、人口減少はすばやく進み、今から四〇年後の二〇五〇年には約四九〇〇万人と、戦後直ぐの一九五〇年ごろの水準にまで戻ってしまいます。戦後、五〇年近くの間伸び続け、経済成長の最大の原動力となった労働力は、再び五〇年ほどの年月をかけ、もと来た道を完全に逆戻りするのです。しかし、その後も人口減少はまったくとどまるところを知りません。今から九〇年後の二一〇〇年には、生産年齢人口はたったの二四〇〇万人ほどで、一九九五年のピーク時の三割以下になってしまうことが予測されています。

我が国の社会保障制度は賦課方式

既に述べてきたように、日本の社会保障制度は、年金であろうと、医療保険、介護保険であろうと、高齢者が使う費用を、その時の若い現役層が保険料や税で負担する賦課方式という財政方式を取っています。年金制度については、第四章において詳しい説明を行っていますが、まさに、「現役層がその時の高齢者達を支える」という賦課方式の仕組みになっています。

医療保険については、ほぼ単年度で財政収支を均衡させる（収入と支出を等しくする）財政方式をとっていますが、「収入」である保険料や税金を主に支払う人々は若い現役層、「支出」である医療費を主に使う人々は高齢者ですから、結局、現役層が高齢者を支えていることになります。つまり、これも賦課方式です。

介護保険についても三年間で財政収支を均衡させる制度となっており、要介護状態になって介護費を使うのは高齢者、主な財源である税・保険料を多く支払うのは現役層となりますので、やはり、賦課方式に他なりません。

この生産年齢人口の減少は、その賦課方式の社会保障制度を支える「支え手」の数が急速に少なくなることを意味しますから、日本の社会保障制度にとってまさに戦慄《せんりつ》すべき環境変化と言えるでしょう。しかも、その意味するところは支え手の減少だけではありません。生産年齢人口の急速な減少は、日本の経済成長率の急落を意味するからです。

戦後、日本の高度成長を支えてきた主因が、労働力となる人口の著しい増加率にあったことは疑うべくもありませんが、そのまったく逆の現象が起こるのです。今後、年間一パーセント前後の生産年齢人口減少という成長の押し下げ要因が働き続けることを考えると、日本経済はゼロ成長、もしくはマイナス成長が常態化してもおかしくありません。つまり、社会保障政策実施のための「分配の原資」、いわば「パイ」が急速に縮小するという事態に直面するのです。

賦課方式と少子高齢化の組み合わせは悪夢である

もっとも、社会保障の支え手が急速に減少しようとも、日本の社会保障制度を続けることは「理論的」には可能です。人数の少ない支え手に、その分だけ重い負担をしてもらえばよいからです。例えば、支え手の数が二分の一になっても、支え手一人が背負う負担を二倍にすれば、一応、財政的なつじつまは合わせることができます。問題は、将来の支え手達がそれを納得するか、いやそれ以前に、支え手達にその余力があるかということです。

日本の賦課方式の社会保障制度にとって、高齢者を何人の現役層で支えるかという「高齢者／現役比率」は決定的に重要な概念です。なぜならば、一人の老人に支払う社会保障費を何人の現役で「割り勘」するか、つまり、現役層一人ずつの負担額を決めることになるからです。

今、例え話として、高齢者一人が毎月三〇万円の社会保障費（公的年金、医療費、介護費）を使っている場合を考えましょう。この場合、現役層の一人当たりの月額負担（保険料や税金）はいくらになるでしょうか。高齢者一人に対して、現役層が一〇人いる場合、つまり「高齢者／現役比率」が一〇パーセント（一〇分の一）であれば、一〇人の現役世代で高齢者一人を支えればよいことになりますから、現役世代が支払うべき負担額は、一人一ヵ月あたり三万円（三〇万円÷一〇人）ということになります。

しかしながら、少子高齢化が進んで、「高齢者／現役比率」が倍の二〇パーセント（五分の一）になったら、状況はどう変わるでしょうか。このとき、高齢者一人を支える現役層の人数は五人となりますから、現役層が支払わなければならない負担額は、一人一ヵ月あたり六万円（三〇万円÷五人）に倍増します。

「高齢者／現役比率」がさらに上昇して二五パーセント（四分の一）になれば、四人の現役層で一人の高齢者を支えることになりますから、負担額は七万五〇〇〇円（三〇万円÷四人）、三三パーセント（三分の一）になれば一〇万円（三〇万円÷三人）です。

これ以上はあまり考えたくはないでしょうが、「高齢者／現役比率」が五〇パーセント（二分の一）になれば、二人の現役層で一人の高齢者を支えなければなりませんから、負担額は何と一人月額一五万円です。そして「高齢者／現役比率」が一〇〇パーセント（一分の一）となれば、もはや現役層の負担額は高齢者の社会保障費と同額の三〇万円となってしまうことになります。

以上の例え話からわかるとおり、賦課方式の財政方式の下では、「高齢者／現役比率」と、現役層の負担額は、完全に比例する関係となっています。したがって、将来の現役層の社会保障負担がどのような状態になるのかを知るためには、将来の「高齢者／現役比率」がどれぐらいになるかを見極めればよいことになります。

現役一人で高齢者一人を支える社会に

それでは、現実の高齢者／現役比率は今後どのように推移するのでしょうか。図表3－3は、既に述べた一五歳から六四歳までの生産年齢人口に対する六五歳以上の高齢人口の比率、つまり、日本の「高齢者／現役比率」の推移を描いたものです。一目瞭然ですが、日本の賦課方式の社会保障制度にとって、これはまさに悪夢そのものとしか評しようがありません。

この「高齢者／現役比率」も、出発点は一九五〇年から描いていますが、その頃の高齢者／現役比率は八・三パーセントですから、当時は約一二人の現役世代で一人の高齢者を支えていたことになります。この比率は一九六〇年には八・九パーセント（現役約一一人対一人の高齢者）、一九七〇年には一〇・二パーセント（約一〇人対一人）と徐々に上昇しましたが、ここまではまだまだ緩やかな上昇に過ぎず、日本社会は活力のある若者中心

図表3-3　日本の高齢者／現役比率の推移

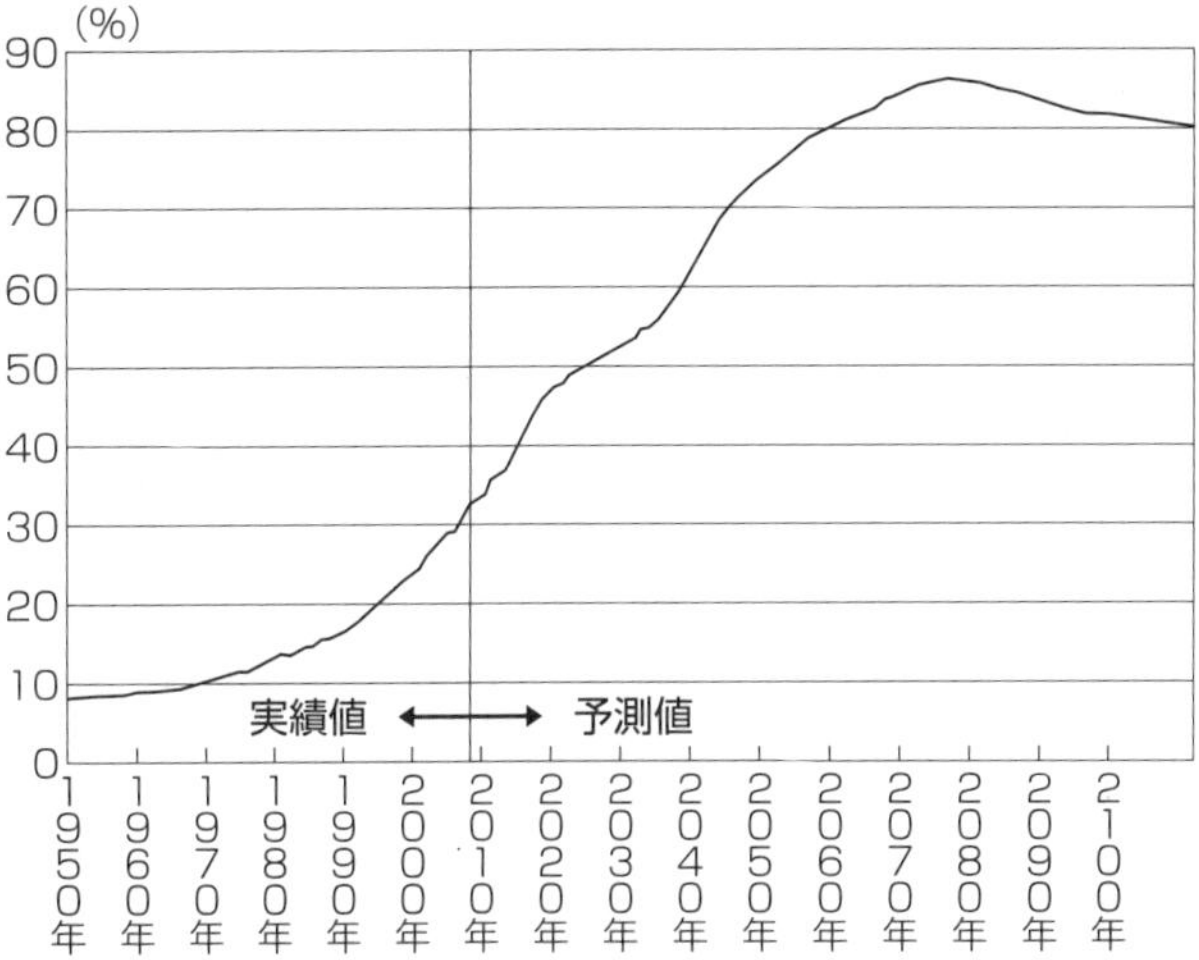

注）2009年までは実績値（総務省統計局「国勢調査」および「人口推計」）、それ以降は予測値（国立社会保障・人口問題研究所「日本の将来推計人口〈2006年（平成18年）12月推計〉」の中位推計）

の社会であったと言えるでしょう。

しかしながら、それ以降、まさに加速度的に高齢者／現役比率が上昇していることがわかります。すなわち、一九八〇年には一三・五パーセント（約七・五人対一人）、一九九四年には二〇・二パーセント（約五人対一人）、二〇〇〇年には二五・五パーセント（約四人対一人）と急速なペースで上昇し、とうとう二〇〇八年には三三・六パーセントと、約三人の現役世代で一人の高齢者を支える水準にまで達してしまいました。近年、年を追うごとに年金、医療保険、介護保険の財政が苦しくなり、その財政を立て直すために、保険料引き上げや給付カット、自己負担率引き上げといった改革が矢継ぎ早に行われた理由は、まさにここにあるのです。

しかしながら、予測値の部分を見ると、現在はまだ、日本が直面しなければならない少子高齢化のほんの序章にすぎないことが分かります。図表3－3の高齢者／現役比率を山に例えるならば、現在はまだ山の四合目程度にすぎず、苦しくなるのはむしろこれからなのです。特に今後の一〇年間はかつてないほどの急勾配を上らなければなりません。これは、「団塊の世代（戦後のベビーブームに生まれた世代）」が大量に退職をして、高齢者になってゆくからです。その団塊の世代の高齢化がようやく一段落した二〇二三年には、すでに高齢者／現役比率は五〇・二パーセントと、二人の現役で一人の高齢者を支える時代に突入しています。

その後、二〇四〇年には高齢者／現役比率は六七・二パーセントと現役一・五人で高齢者一人を支えるラインを越し、高齢者／現役比率のピークである二〇七二年には同比率は八五・七パーセントまで達することになります。これは、正確には、現役一・一七人で高齢者一人を支えるという割合ですが、現役層の中には専業主婦や失業者が含まれることを考えると、実際には、勤労者一人で高齢者一人を支えている状態になっていると言えるでしょう。

ここを越えるとようやく下山ルートに入りますが、その後も急速に高齢者／現役比率が下がってゆくということはありません。徐々に下がってはゆきますが、高齢者／現役比率は八〇パーセント程度の高い位置をキープし、下山というよりは、高原状態が続くといってよいでしょう。

このように、わが国が今後迎える少子高齢化は、社会保障財政にとってまさに戦慄すべき意味を持っています。現在でさえ改革に次ぐ改革で国民の社会保障制度に対する不満は高まっている状態ですが、実は、今までの負担増などほんの序の口に過ぎないのです。今後は、今までよりも、もっとハイペースかつ大規模な改革（負担引き上げや給付カット）を行わざるを得ず、しかもその危機的状況はなんと二〇七〇年を越えるまで続くことになるのです。

つまり、我々は、今後六〇年以上もの長きにわたって、今よりも苦しい状況に耐え続けなければなりません。しかも、そこを越えたとしてももはや元に戻ることはなく、ピークに近い「超高負担社会」がずっと続くことになるのです。

三、安易で無責任な「中福祉・中負担」論

社会保障費拡大を支える理論的支柱

今現在の状況ではなく、こうした世界最速の少子高齢化、人口減少が将来的に進むことを考えると、わたし達が社会保障政策として取り得る選択肢も、実は、それほど自由度が高いわけではありません。

まず、社会保障費拡大論者の理論的支柱となっている社会保障の「中福祉・中負担」論という見方について考えてみましょう。「中福祉・中負担」論とは、「高福祉・高負担」の国々として知られるスウェーデン、ノルウェー、デンマーク等の北欧諸国に比べ、日本の現状の社会保障費水準はまだまだ低いとして、歳出拡大とそれに伴う負担増を提言しているものです。

日本の現状は、論者によってやや異なりますが、「中福祉・低負担」、もしくは「低福祉・低負担」であることから、北欧諸国の「高福祉・高負担」までゆかずとも、せめて「中福祉・中負担」ぐらいを目指しましょうというのです。自公政権末期の麻生政権下の社会保障国民会議や経済財政諮問会議等で盛んに提唱され、当時の麻生太郎首相は「中福祉・中負担が国民のコンセンサス」とまで主張していました。

図表3-4　社会保障給付の部門別の国際的な比較（対国民所得比）

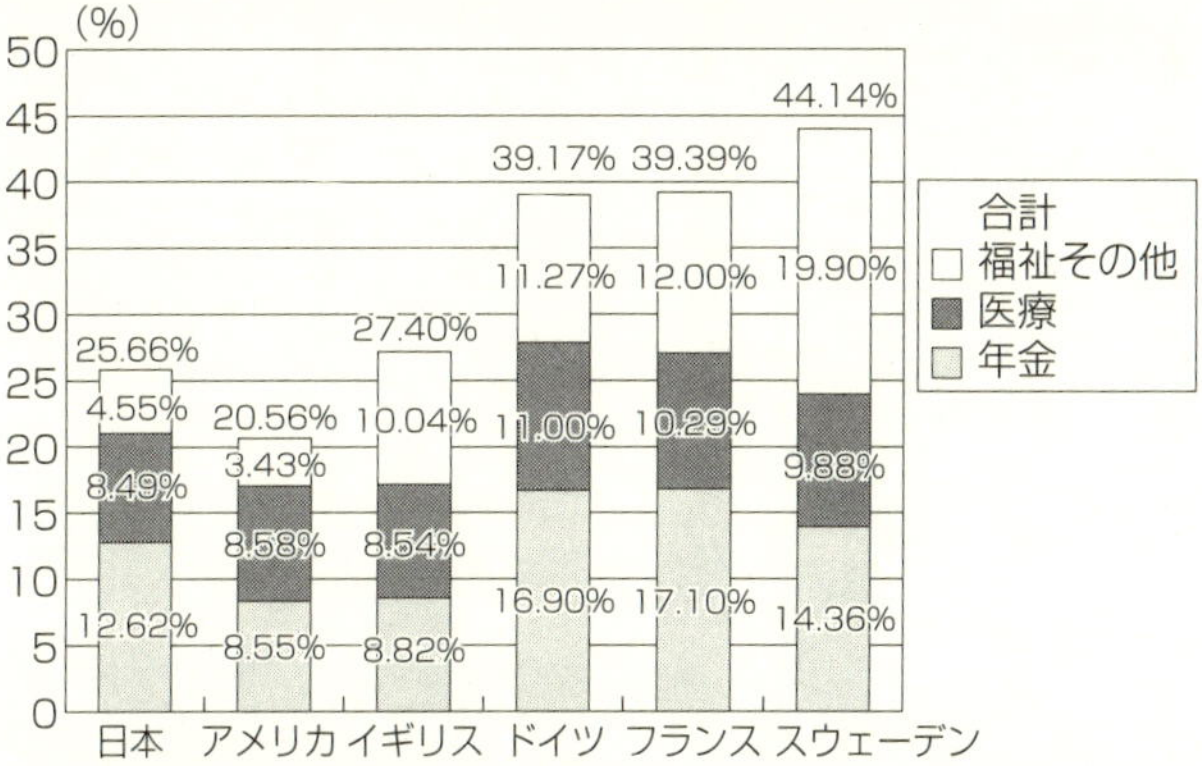

注）社会保障国民会議最終報告書の資料11より（厚生労働省政策統括官付社会保障担当参事官室による算出）。多くの国々は、2007年のベースと思われる

こうして振り返ると、増税による負担増加で社会保障費拡大を目指すという「強い社会保障」の路線は、何も菅内閣や民主党の専売特許というわけではなく、自公政権末期あたりから目指されていた方向性であると言えます。ただ、麻生内閣では、リーマン・ショックという「言い訳」が出来たために、骨太方針で決めていた社会保障関係費の二二〇〇億円の伸び抑制を廃棄したり、社会保障・社会福祉産業への各種補助金を大盤振る舞いする一方で、負担増には全く踏み込みませんでした。この流れは、民主党政権にも受け継がれ、借金による社会保障費の急拡大が続きました。

この点、菅内閣では、社会保障費拡大の財源として増税を明言した点がまだマシでしたが、今回二〇一〇年七月の参議院選挙敗北を受けて、増税は極めて難しくなりました。この先、菅内閣が、増税を伴わない社会保障費拡大を行うのであれば、これまでの自公政権末期、鳩山内閣と何ら変わりがないことになります。

さて、図表3－4を見ると、確かに日本の社会保障給付の国民所得比は二五・六六パーセントと、他の欧米主要国に対して、やや低い水準にあるように思えます。特に「高福祉・高負担」の国であるスウェーデンでは、同比率は四四・一四パーセントと日本よりも大幅に高い水準にあり、一見、日本は社会保障費をまだまだ拡大できる余地があるように思えます。

北欧諸国は比較対象にならない

しかし、ここで注意しなければならないのは、北欧諸国は、日本よりもはるかに長い時間をかけて少子高齢化が緩やかに進み、そろそろ少子高齢化が終了しつつある段階にある国々だということです（図表3－5）。それに対して、日本は、世界史的にも未曾有の急速な少子高齢化が進展する真っ最中であり、北欧諸国は比較対象として全くふさわしくありません。

すなわち、既に図表3－3で見たように、現在、日本の高齢者が働き手の現役層に占め

図表3-5　日本と北欧諸国の高齢化率(65歳以上の全人口に占める割合)の推移

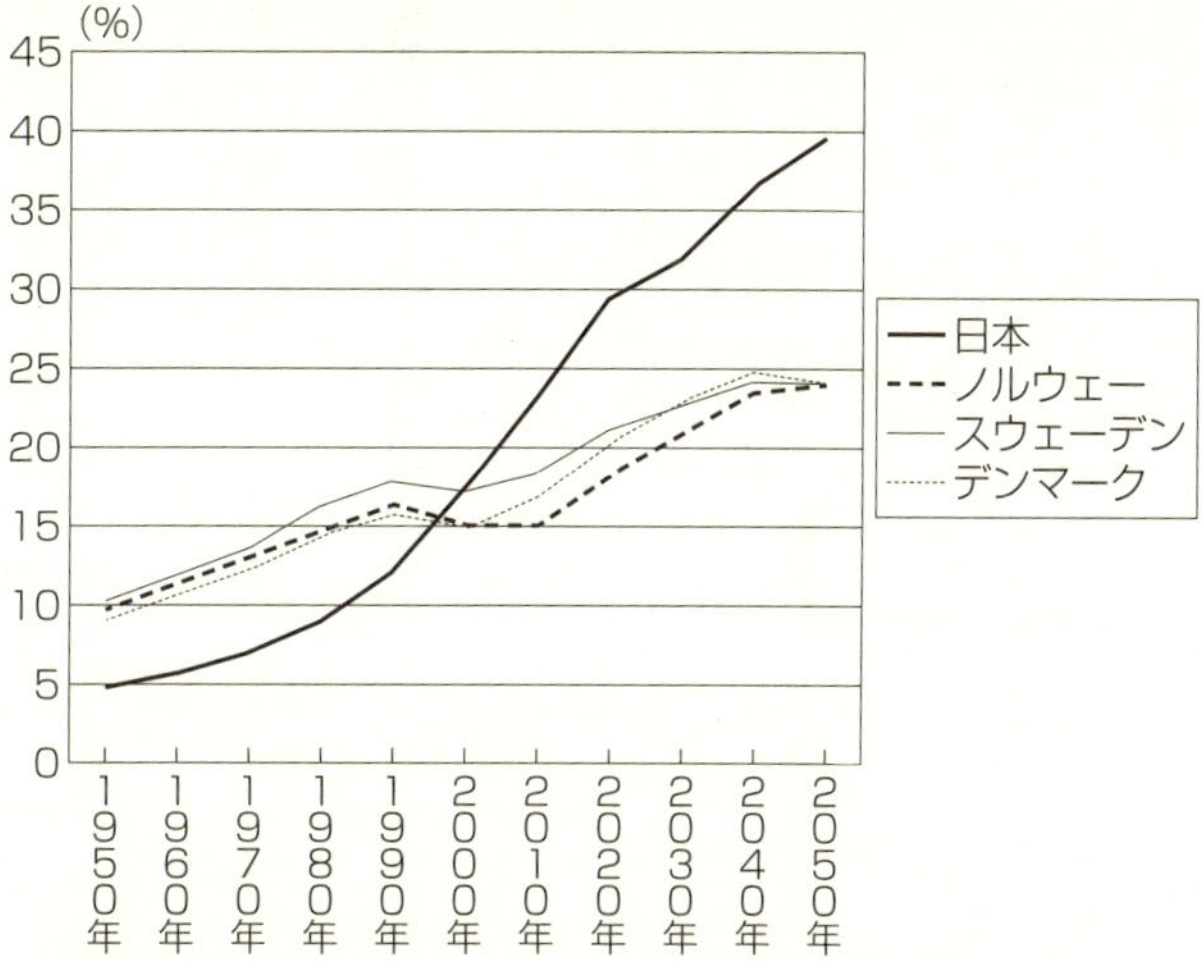

注）高齢化率は65歳以上の人口が全人口に占める割合（%）。国立社会保障・人口問題研究所「人口統計資料集」より作成。日本の人口予測値は、国立社会保障・人口問題研究所「日本の将来推計人口〈2006年（平成18年）12月推計〉の中位推計。それ以外の国は、国連の「World Population Prospects: The 2008 Revision（中位推計）」に基づく

る割合は約一対三ですが、これが一三年後の二〇二三年には一対二に高まり、少子高齢化のピークでは、一対一近くに達します。これに対して、日本の社会保障制度は、公的年金を始め、医療保険、介護保険とも、現役層が高齢者を支える賦課方式であるため、現在三人の現役層で一人の高齢者を支えている状況が、将来的には一人の現役層で一人の高齢者を支えることになることは既に見たとおりです。人口構成から単純に計

算すると、将来の現役層の保険料や税負担は、現在の「およそ三倍」になるのです。

これに対して北欧諸国では、少子高齢化の進展するスピードが緩やかなので、負担と給付の関係が、将来、それほど大きく変わることはありません。つまり、高負担でも将来の高福祉が約束されているので、納得しやすいのです。

将来の状況は「中福祉・超高負担」か「低福祉・高負担」

ここで今、「中福祉・中負担」が実践され、例えば、現在の高齢者が享受する社会保障費が二倍になったとするとどうなるか考えてみましょう。将来の現役層が支払う負担は現状の三倍なのですから、二倍×三倍で、将来は何と現在の六倍にも達してしまうことになります。

つまり、「中福祉・中負担」を目指して、今の高齢者達が社会保障費拡大を享受すると、「お礼は三倍返し」というわけであり、後の世代は、「中福祉・超高負担」か「低福祉・高負担」のどちらかの惨状に直面してしまうことになります。人口構成の変化が少ない北欧諸国と日本では事情がまったく異なるのであり、日本における「中福祉・中負担」論は、たった今の状況だけを考えた刹那的で、極めて安易かつ無責任な考え方と言わざるを得ません。

しかも、現状では、今起きている社会保障費拡大の費用すら現在の世代はしっかりと負担していません。新規国債発行による借金によって、ただでさえ苦しくなる後の世代に、負担を先送りしている状況です。その意味で、将来も持続可能な社会保障制度とするためには、やはり、安易な社会保障費拡大路線を続ける余地は極めて小さいと思われます。今後起こる人口構成の急速な変化を考えると、欧米諸国はともかくとして、日本には「中福祉・中負担」などという選択肢を目指す余裕はないと言ってもよいでしょう。

四、日本の社会保障制度を形作った人口構成の変化

ところで、日本の社会保障制度が現在のような形、特徴を備えるに至った理由も、実は、日本の急激な人口構成の変化と無縁ではありません。日本の社会保障制度の特徴は、①国民皆保険、②職業別の制度分立、③賦課方式の財政方式、④過度の公費依存、補助金依存、⑤高コスト体質、⑥価格規制、参入規制による「護送船団方式」の統制経済、⑦強力な政治的圧力を行使する業界団体、⑧官僚の天下りの多さ、という八つに整理することが可能です。これらのほとんどは、若い労働力があふれ、高い成長率によってパイが広がっていった高度成長時代を背景に形成されてきました。

公費投入による国民皆保険の達成

そもそも歴史的に、社会保障制度が充実していたのは、まず公務員、ついで大企業です。これらは、政府が社会保障制度に大きく関与、管理する前に、福利厚生の一環として年金（公務員は、恩給）や医療保険を作っていました。自前の福利厚生ですから、もちろん、公費は投入されていません。

しかし、日本が高度成長を遂げて豊かになってくると、中小企業も同じような制度設立を望みます。しかし、中小企業は財政的に豊かではありませんから、政府からの財政支援を要望することになります。そこで、「公費負担」を一部投入し、中小企業にも社会保険の仕組みが広がってゆくことになりました（図表3－6）。

さらに、経済成長が進んで豊かになると、こうした社会保障の枠組みに、サラリーマン以外の残りの人々（農林水産業や自営業、無業者など）が加入していないのは不公平であるという世論が高まり、公費投入を大々的に行って、この残りの人々を加入させる社会保険が政府によって設立されます。

ここに至って初めて、わが国の社会保障制度の一大特徴である「国民皆保険（皆年金）」が達成されることになります。これは、年金、医療保険ともに一九六一年のことでした。公費とは税金で徴収された財源のことですから、これは豊かなサラリーマンや公務

図表3-6　社会保険設立の歴史的推移1（若年人口＋高度成長社会のケース）

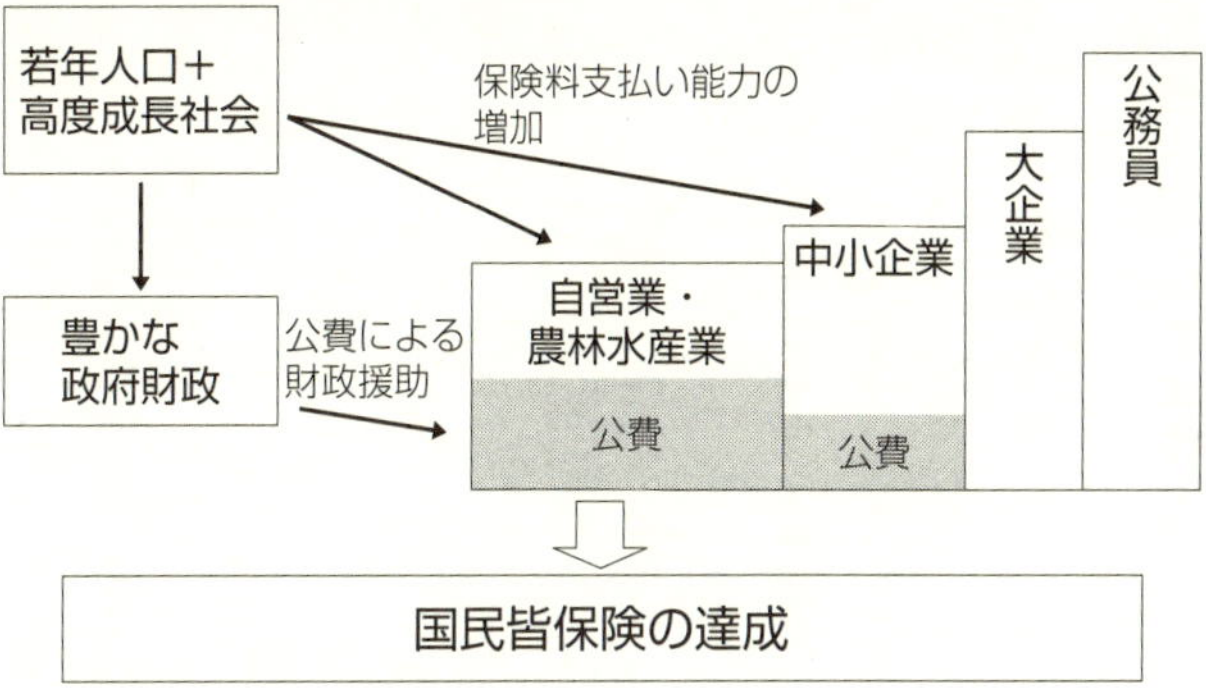

員から、相対的に低所得である農林水産業、自営業者たちへの所得再分配に他なりません。しかし、この時代までは、日本は高度成長をしている最中で「パイ」が急拡大しており、政府の財政にも余裕がありました。しかも人口構成は若く希望に満ちている時代ですから、この程度の「所得再分配」には目をつぶり、「金持ちケンカせず」で、誰も文句は言わなかったというわけです。

もっとも、後から設立される制度ほど財政状況は良くないので、先に出来た豊かな制度は、後に出来た制度との合併を拒みます。そのため、医療保険も年金も、職域ごとの「制度分立」がいつまでも続くという状況となったのです。

賦課方式が選ばれた背景

第二に、日本の社会保障制度が、財政方式として

「賦課方式」を採用していることも、この高度成長時代の産物であると言えます。第四章に詳述するように、実は、そもそも公的年金については、若い頃に支払った保険料を積み立てて、老後の生活費に充てるという「積立方式」で設立されていました。しかしながら、高度成長による豊かさを背景に、保険料を低く、年金を手厚くするという大盤振る舞いを続けた結果、いつの間にか、賦課方式に移行してしまったのです。

人口構成が若く、経済成長が著しい高度成長時代には、将来の世代ほど経済状況が良くなりますから、負担を将来の世代に安易に先送りして、その時代の高齢者に大盤振る舞いをしようという政治判断がされやすいのです。

また、賦課方式は、年金だけではなく、医療保険や介護保険にも及んでいます。このうち、医療保険については、設立当時はまだ高度成長時代ですから、賦課方式を採用したのはある程度、やむを得ない面があるかもしれません。しかしながら、介護保険については、少子高齢化が急速に進んでいる二〇〇〇年に設立されたのですから、賦課方式の採用はまったく理解不能であり、ほとんど正気の沙汰ではありません。安易な財政方式を選んだ当時の政府、厚生労働省の責任は非常に重いと言えるでしょう。

公費・補助金漬けの護送船団方式

第三に、医療、保育や、当時は「措置」として公的福祉であった介護についても、やはりパイが広がってゆく高度成長時代を背景に、利用料金を極めて低く設定し、運営費の多くを補助金・公費で賄うという安易な公費投入が行われました。もちろん建設費、施設整備にも多額の公費が投じられています。

こうした公費、補助金の投入は、利用者に対してではなく、福祉施設や医療機関に対して支出される「機関補助」として行われているのが、日本の大きな特徴です。機関補助は、一定の基準を満たす施設・機関であれば建設費や運営費、人件費に補助金が出るという仕組みのことです。医療分野における診療報酬、介護分野における介護報酬という公定料金も、公費を混ぜた保険給付費が出来高払いで確実に得られる仕組みなので、一種の機関補助であると解釈できます。この場合、利用者が施設を選択するという「競争原理」が働かないことから、費用を節約する動機が存在せず、「高コスト体質」が慢性化し、公費依存、補助金依存が進むことになります。

また、公費を投じている施設の倒産は官僚達の失策となるために、どうしても「護送船団方式」で業界を保護し、「参入規制」や「価格規制」を設けて、競争を制限した「統制経済（社会主義経済）」になってゆくことになります。こうして、硬直的サービスと高コスト体質、補助金依存はさらに拍車がかかってゆくことになるのです。

もっとも、福祉施設や医療機関の数が少なく、高度成長によって伸びたサービスの需要に、供給量を追いつかせる必要があった時代には、「効率性よりも量的拡大重視」となりますから、護送船団方式と統制経済の組み合わせにも、一定の役割があったことは否定できません。つまり、これらも高度成長時代の産物なのです。

低成長時代にも強まった公費依存

さて、その後、高度成長も終わり低成長時代がやってきます（図表3－7）。この頃になると、少子高齢化も進展してきていますから、政府の財政にも余裕がなくなってきます。そこで、せっかく皆保険となったのだから、後は制度同士協力し合って、豊かなサラリーマンや公務員から、自営業や農林水産業の皆さんへの援助を行って欲しいと、「財政調整（財政支援）」の仕組みが作られてゆきます。

しかし、そもそも独立採算であった「保険」に無理やり所得再分配を組み込むわけですから、損をこうむるサラリーマンや公務員を、何とか納得させなければなりません。そこで、国も「自腹を切りますから、後は皆さんで」という覚悟を見せるために、財政調整へ一定割合の公費負担が組み込まれることになります。これが、「財政調整制度」とその中への公費負担制度が設立される経緯です。

図表3-7　社会保険設立の歴史的推移２（高齢人口＋低成長社会のケース）

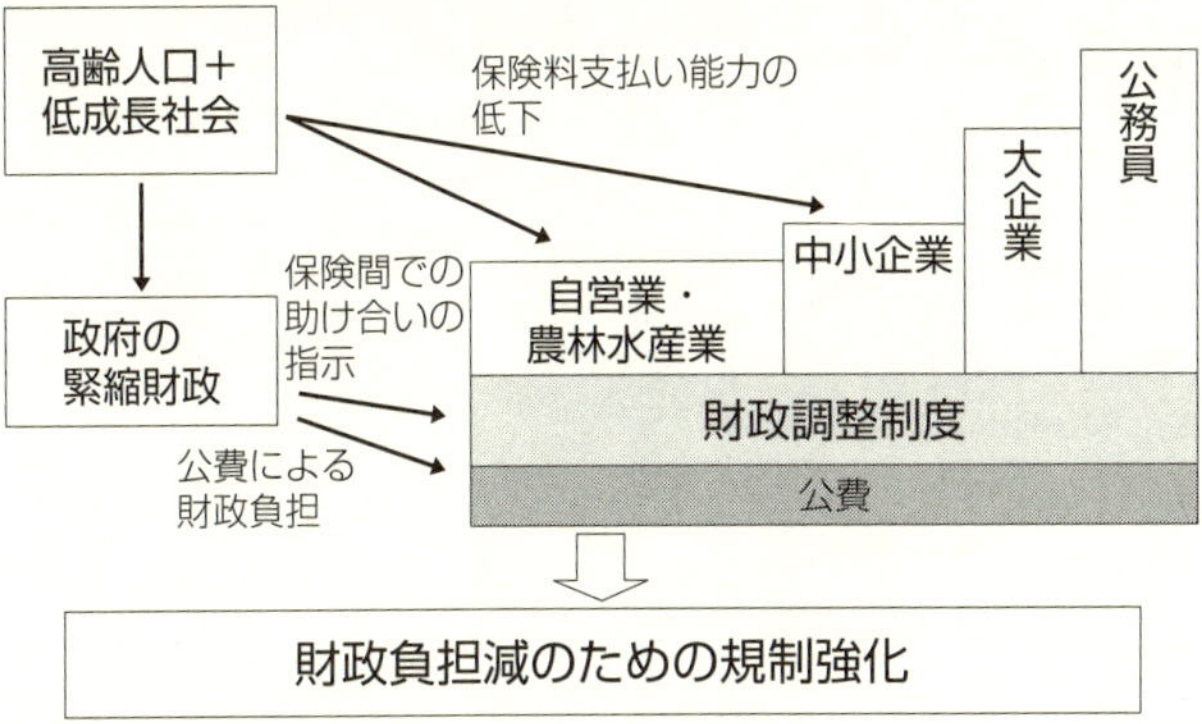

この結果、低成長時代にもかかわらず、公費投入率がさらに高くなってゆくことになります。既に述べたように、公費投入率は、国民健康保険や、後期高齢者医療制度の半分など、医療保険の約四割、介護保険に至っては六割近くに達しています。また、年金制度でさえも、基礎年金の半分の財源を公費が賄っています。

このため、日本の社会保障費財源全体では、実に三割以上が公費負担となっているのが実態です。こうした公費投入率の高さは、社会保険を持っている世界の国々の中でも、極めて異常であると言わざるを得ません。もともと日本が模範としたドイツは、保険料によって運営するという純粋な社会保険原則を保っており、公費投入はほとんど行われていないのです。また、社会保険ではありませんが、認可保育所の運営費にも、約八割もの公費が投じられています。

しかし、このような形で、公費負担の割合が非常に高くなると、国や地方自治体の「規制」も厳しくせざるを得ません。保険料であれば基本的には各保険制度の自由に任せておけばよいのですが、給付が増えると自動的に公費が増えるという状況では、国や地方自治体はその追加財源を税負担で調達しなければなりません。税率引き上げは政治的に非常な困難を伴いますから、むしろ、給付抑制を行うための様々な仕組みが強化されてゆくことになります。

その一つが、「価格統制」であり、既に述べたように、医療や介護の分野ではサービス料金が国によって公定価格に統制され、近年は、費用引き下げのために、診療報酬・介護報酬の引き下げが行われました。また、もう一つは「参入規制」です。サービスを提供する病院や業者の数を規制してしまえば、保険給付の増加を抑えることが出来るからです。このため、医療、介護、保育等の全ての分野にわたって、参入することのできる法人格に実質的に厳しい制限が加えられ、近年の総量規制や病床規制等によって、新規参入がますます難しくなっています。

しかし、参入規制の強化は、既存の業者の連帯を強め、強力な既得権益団体を形成させることになります。高コスト体質や補助金漬け、高い報酬単価という既得権を守り、拡大させるためには、政治に対して圧力をかける強力な「業界団体」が不可欠ですから、日本医師会を始め、医療、介護、保育、福祉の各分野で既得権益団体が巨大化し、政治や行政（厚生労働省）に対して非常に大きな影響力を行使するようになっていったのです。

さらに、厚生労働省や自治体の官僚たちも、社会保障・福祉業界への「天下り」を通じて、利益を享受しており、既得権者となってゆきます。もともと社会保障分野は、公費投入や補助金が多いという特徴を持っているために、官僚の関与・裁量する余地が大きく、天下りが広範に行われるようになることは自然の成り行きと言えるでしょう。天下りによって、官僚と業界の利害が一致し、高コスト体質と補助金漬けのうまみをお互いに享受するようになると、さらに参入障壁や規制が強化されて、強固な「護送船団方式」「統制経済」の仕組みに拍車がかかります。

国民の隅々に行き渡る既得権益構造

さらに問題であることは、こうした既得権益の形成が、一般の国民にも及んでしまっている点です。まず第一に、現在の高齢者達は、若い頃負担した分の何倍もの社会保障給付を受け、「得」をしていることを、当然の権利と考えているようです。第四章で詳しく見るように、例えば一九四〇年生まれの世代（厚生年金受給者）は、過去に支払った保険料よりも、受け取る年金の方が、平均で三〇九〇万円も多くなっています。これは、現在の若い世代や、将来世代にその分「損」を負わせているからこそ可能となっているのですが、現在の高齢者達は、改革による年金受給額減少に猛反発することから、いわば政治的に不可侵の既得権益者となっています。

また、医療保険や介護保険についても、現在の高齢者は過去に支払った保険料よりも何倍も多くの保険給付を受けています。それにもかかわらず、後期高齢者医療制度への老人達の猛烈な反発からもわかるように、高齢者達はほんのわずかな負担増も受け入れようとしません。

第二に、安易な公費投入の恩恵にあずかっている人々は、実は、低所得者だけではなく、中所得以上の普通の一般国民にまで及んでしまっています。本来、最底辺まで落ちてしまった人々を救う仕組みがセーフティー・ネットであるはずですが、日本では高度成長を続ける中で貧困層や弱者が減少したため、生活保護制度や税制の再分配機能が弱体化し、社会保険で中間層に富の再分配が行われるようになってしまっています。このため、日本の社会保障制度は、中間所得層に対する所得再分配の方が、低所得者に対する再分配よりも大きく、驚くべきことに、所得格差をむしろ拡大させる制度となってしまっているのです。

このように、現在の低成長、人口高齢化社会では、もはや「身の丈に合わない贅沢」となっている多額の公費投入や補助金ですが、業界（業界団体）、官僚、政治家のみならず、高齢者や一般国民までもがそれを享受し、互いに利害が一致した「強固な既得権益構造」となっていることが、日本の社会保障改革を難しくさせている最大の原因です。

第四章　年金改革は、第二の普天間基地問題になるか

各種世論調査によれば、国民が民主党政権に期待する政策項目のほぼ最上位に、「年金改革」があります。自公政権の末期、政府・厚生労働省は、「一〇〇年安心プラン」は維持されている！」「年金は安心！」というキャンペーンを「大本営発表」のように繰り返していましたが、国民はその欺瞞《ぎまん》にうすうす気づいていたのでしょう。「本当に安心できる」年金改革を熱望しており、それが、二〇〇九年八月に民主党政権への政権交代を生み出した原動力の一つであると考えられます。

しかしながら、政権交代後、一年近い月日が経過しましたが、驚くべきことに、年金改革の議論は、全くといってよいほど何も進展していません。民主党が政権交代前に非常に熱心に追及を行っていた「一〇〇年安心プランの財政的破綻」についても、政権交代後、問題が放置され、年金財政の赤字はますます深刻化しています。

また、国民の多くが期待していた「月額七万円の最低保障年金」についても、二〇一〇年六月に公表された政府方針（年金改革への七項目の基本原則）では、民主党の衆議院選挙・参議院選挙マニフェストで明記されていた七万円という金額が削除されるなど、むしろ改革論議が後退を始めているようにも思われます。

政権交代前、あれほど威勢のよかった民主党の年金改革へのエネルギーはどこへ行ってしまったのでしょうか。実際問題として、民主党政権に、年金制度の抜本改革は可能なのでしょうか。まずは、年金制度をあまりご存知ではない方のために、その基本的仕組みから解説してゆきましょう。

一、日本の年金制度はどうなっているのか

年金制度とは「長生き保険」

日本の公的年金制度は建て増しに次ぐ建て増しで、もはや母屋がどこであったのかも分からないほど複雑な仕組みとなっていますが、その一番基本的な機能は、「老後の生活を保障すること」にあります。公的年金の仕組みを一言で言うと、「若くて働いている現役時代に保険料を支払う代わりに、老後は、死ぬまで年金を受け取れる」というものです。

こう書くと、老後用の貯蓄を銀行預金にしておくことと変わらないのではと思う方がいるかもしれません。確かに、老後のための貯蓄を考えた場合、働いている現役時代に少しずつ銀行口座に預金を積み立て、利子が付いていくらか増えたものを、老後は取り崩してゆくわけですから、銀行預金と年金は大変よく似ています。

しかしながら、銀行預金と年金では一点大きな違いがあります。銀行預金の場合、預金口座の残高を超えてお金を引き出すことはできませんから、予想外に長生きした場合には、残高がゼロになって生活できなくなることになります。これに対して、年金の場合に

は、予想外に長生きをして、これまで積み立ててきた保険料総額を超えたとしても、引き続き年金を受け取ることができます。

なぜ、そのようなことが可能なのかというと、予想外に長生きする人々がいる一方で、予想外に早死にする人々もいるからです。つまり、早死にをして年金をあまり受け取らなかった人の分の余剰金を、長生きしている人の年金支払いに充てているのであり、これは一種の保険であると言えます。つまり、年金制度とは、予想外に長生きしてしまった場合でも生活費が枯渇しないように掛けておく「保険」なのです。保険ですから、必ず元手をとり返すことが出来る「権利」ではありません。

日本の公的年金の事務を行っている日本年金機構（旧社会保険庁）は、国民が二〇歳になると年金の保険料を徴収し始め、六〇歳になるまで徴収し続けます。そして原則、六五歳になったときから、年金を支払ってくれます。

職業別となっている年金制度

図表4－1に見るように、日本の公的年金制度は、職業別に、国民年金、厚生年金、共済年金という三つの制度に分かれています。公的年金というのは、個人年金や企業年金のように民間が行っている年金ではなく、国が国民のために用意している年金制度です。

図表4-1　職業別になっている日本の公的年金制度

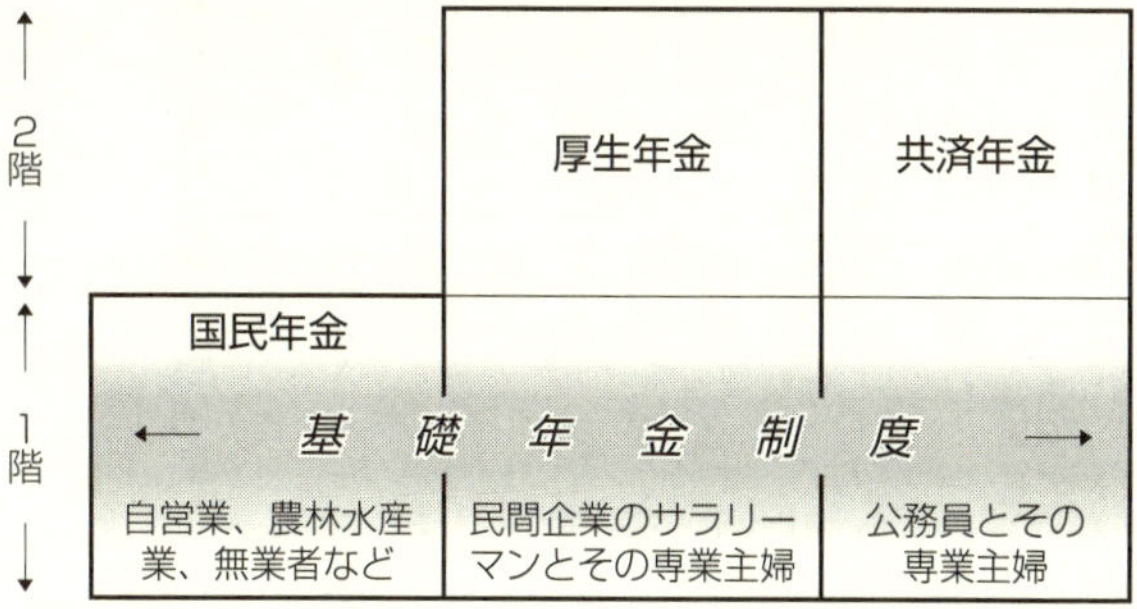

まず、国民年金は、自営業や農林水産業、無業者や非正規労働者の多くが加入している年金制度です。近年、未納・未加入問題が社会問題化しているのは、この国民年金の話です。国民年金の未納率は現在四割に上り、減免者・猶予者を合わせると、保険料を負担していないという意味での「実質未納率」は六割近い状況です。マジョリティーが保険料を払っていないという意味において、既に国民年金は実質的に破綻していると言ってよいでしょう。

一方、「厚生年金」は、民間企業のサラリーマンとその専業主婦が加入する年金です。公務員とその専業主婦が加入している年金である「共済年金」と合わせて、「被用者年金」（サラリーマンのための年金という意味）と呼ばれています。被用者年金は、賃金収入によって保険料額が変わる仕組みで、源泉徴収によって保険料が自動的に徴収されているので、国民年金のように未納・未加入問題は深刻ではありません。賃金が多ければ多いほど保険料を多く支払わなければなりませんが、受け取る年金もその分多くなることから、所得比例の年金となっています。

基礎年金は財政調整制度

歴史的に言えば、これらの年金制度は、豊かな職業の順番に設立されていったと言えます。最も古く設立された年金制度は共済年金で、明治時代に始まる「恩給制度」がそのルーツとなっています。一方、厚生年金は、まだ戦時中であった一九四二年に「労働者年金保険」として産声を上げ、一九四四年に今に至る「厚生年金保険」となりました。戦後、自営業者や農林水産業従事者も加入できる年金制度はしばらく存在しませんでしたが、目覚ましい高度成長を遂げるころになると、サラリーマンだけが加入できる年金制度は不公平であるとの世論が高まり、一九六一年になってようやく、国民年金が設立されました。

ただし、自営業者や農林水産業従事者は、サラリーマンに比べて一般的に収入が少ないことから、過度な負担をかけないように、保険料額、年金額ともに小規模なものとなりました。また、彼等は所得の把握が難しいことから、保険料額を所得に比例しない「定額方式」とし、それに合わせて、受け取る年金額も定額としました。さらに、未納や未加入が事実上、制度的に許される「任意加入」に近い制度となり、低所得を理由とした保険料の減免・猶予も広範に行われています。

このため、国民年金は設立当初から財政基盤は大変脆弱《ぜいじゃく》で、未納問題が深刻化する中で財政状況が急速に悪化してゆきました。このため、一九八五年には、厚生年金、共済年金、国民年金に共通する制度横断的な仕組みが設立され、被用者年金から国民年金への「財政調整（財政支援）」が行われるようになりました。これこそが、「基礎年金制度」と呼ばれている制度の本質です。

通常、基礎年金制度は、図表4－1に描かれているように、「年金制度の土台の一階部分で、全国民に共通する制度である」などと説明されることが多いのですが、その厚生労働省お墨付きの説明は、実態からはかけ離れています。実際には、基礎年金制度という独立した年金制度が存在しているわけではなく、依然として、各制度は分立したままの状態で、単に財政調整が行われているだけのことにすぎません。

基礎年金制度では、国民年金の未納・未加入者が保険料を支払っていないために生じている国民年金の赤字は、厚生年金、共済年金の両被用者年金が肩代わりして埋めることになっています。しかし、それだけですと、被用者年金が猛反発しかねませんから、設立に当たって被用者年金を説得するために、基礎年金財源の三分の一が国庫負担によって賄われる仕組みとなっています。二〇〇九年からは、国庫負担率は二分の一に引き上げられています。

つまり、厚生年金や共済年金に加入しているどんな高所得者に対しても、基礎年金分にあたる給付の半分は、国の税金が支払ってくれるという、公平性の観点から理解しがたい制度が出来上がってしまったのでした。

若い頃支払った保険料は戻らない

さて、厚生労働省が日本の公的年金制度を長い間、「修正積立方式」などという紛らわしい名称で呼んでいたからでしょうか、今でも国民の多くは、公的年金制度を、個人年金や企業年金と同様、一種の積立制度であると考えている人が多いようです。すなわち、年金制度とは、自分が若い頃支払った保険料が、日本年金機構の自分の口座に蓄えられ、それを原資に運用していくらか増えた金額を、老後に年金として受け取る制度だと考えている人が多いのです。

ところが、現実には、日本の年金制度はそのような仕組みではありません。若い頃支払った保険料は、日本年金機構に蓄えられることなく、支払った瞬間に、すべて煙のごとく消えてなくなっています。こう書くと、「我々の年金はいったいどこに消えたのか」と大騒ぎになりそうですが、実はそのほとんどは、その当時に生きていた高齢者達の年金を支払うために使われたのです。

つまり、わが国の年金制度では、現在の現役層――例えば二〇一〇年の若者――が支払った保険料はすべて、二〇一〇年に生きている高齢者達の年金を支払うために使われるという仕組みになっています。現役層が支払った保険料は、その支払った本人の老後のために蓄えられることは一切なく、右から左に移動してなくなってしまうのです。

それでは、現在の現役層が将来、老後になった時には、どうやって生活してゆけばよいのでしょうか。将来の日本に、私たちの子孫がきちんといる場合には一応、問題はありません。将来の現役層が支払う保険料をそのまま、将来の高齢者の年金に充てればよいからです。こうして親世代が子世代の面倒になり、子世代が孫世代の面倒になるというように、後の世代に負担をどんどんバトンタッチしてゆく自転車操業の仕組みを「賦課方式」と呼びます。

第三章で説明したように、この賦課方式は、年金だけではなく、医療保険、介護保険など、日本の社会保障制度全体に共通した財政方式となっています。これに対して、若い頃に支払った保険料が国に蓄えられ、それを原資に老後、年金が受けられるという個人年金や企業年金と同じ仕組みは「積立方式」と呼ばれています。

実は積立方式で始まった年金制度

それではなぜ、日本の年金制度は、積立方式ではなく、賦課方式で運営されているのでしょうか。実は、その必然性・合理性は、もはや全く存在しません。第三章で詳しく見たように、現在のように少子高齢化が急速に進んでいる状況では、賦課方式の年金は、まさに「百害あって一利なし」と言えます。

第三章で少し触れましたが、実は、厚生年金にせよ、国民年金にせよ、設立当初は積立方式で運営されていました。今でも、厚生年金で一四〇兆円、国民年金で一〇兆円ほどの積立金があるのは、かつて年金制度が積立方式で運営されていたことの名残なのです。何十年もの間、運営されているうちに、いつの間にやら積立方式から賦課方式に切り替えられてしまったのです。ではなぜ、現在の年金制度は、賦課方式になってしまったのでしょうか。

その理由を端的に言うと、政治家や官僚が年金積立金を無計画に使ってしまったからに他なりません。その使い道の一つは、歴代の自民党政権が人気取りのために、当時の高齢者達に行った年金の大盤振る舞いです。特に、田中角栄が首相であった一九七〇年代前半に始まった大盤振る舞いは大規模で、当時の高齢者達の年金額を、彼等が支払ってきた保険料をはるかにしのぐ水準に設定しました。また、当時の勤労者の保険料も、彼等が老後に受け取る年金額から考えると、はるかに低い水準に据え置かれ続けました。このため、既に蓄えられた積立金は取り崩され、本来はその後もっと蓄えられるべきであった積立金が、プールされないまま放置されたのです。

また、その他の積立金の無駄遣いとしては、厚生労働省や旧社会保険庁の官僚達が、天下り先の特殊法人や公益法人を通じて浪費した人件費やプロジェクト、旧社会保険庁自体が行った福利厚生費への流用、グリーンピアやサンピアといった巨大保養施設の建設費等が挙げられます。

こうした大盤振る舞いと無駄遣いの結果、巨額の積立金が失われました。厚生労働省自身の最新の計算[7]によれば、本来、厚生年金で八三〇兆円、国民年金で一二〇兆円存在しなければならない積立金は、二〇〇九年時点で厚生年金が一四〇兆円、国民年金が一〇兆円程度存在するにすぎません。つまり、差し引きで、八〇〇兆円（厚生年金六九〇兆円、国民年金一一〇兆円）もの積立金がこれまで浪費されてきたことになります。

7　厚生労働省「平成21年財政検証結果レポート国民年金及び厚生年金に係る財政の現況及び見通し」（http://www.mhlw.go.jp/topics/nenkin/zaisei/zaisei/report2009/mokuji.html）。債務額は国庫負担分を含むベースとした。これは国庫負担分であっても、国が国民に対して給付を約束している事実は変わらないためである。

二、年金制度は将来、破綻するのか

債務超過は少なくとも八〇〇兆円

この八〇〇兆円という「積立不足額」は、厚生労働省が将来の運用利子率として四・一パーセントもの高い利子率を使って粉飾しているため、実際には、もっと大きな数字となると思われます。また、厚生年金と国民年金のほかに共済年金分の積立不足も考慮する必要がありますので、公的年金全体では、もっとずっと大きな積立不足額が発生していることになります。

この積立不足額は、「現在の年金受給世代などに対して、将来支払うことを約束している年金額に対して、実際に国が積立金を用意していない金額」のことですから、通常の言葉を用いれば、「債務超過」ということが言えます。つまり、公的年金制度は、厚生年金と国民年金を合計しただけでも、少なくとも八〇〇兆円もの債務超過が生じているのです。これがもし、民間の個人年金や企業年金であれば、直ちにこの年金制度は、破綻しているところでしょう。一時、マスコミが大騒ぎしたように、この数字だけを見ると、公的年金は今すぐにも破綻するように思えてしまいます。

しかしながら、公的年金は、政府が運営している年金制度ですから、それが破綻することは「技術的には」あり得ません。政府が持つ強制力を用いて、現在の現役層や将来世代から、債務超過の分だけの負担を強制的に徴収することによって、積立不足額を強引に「穴埋め」すればよいからです。

すなわち、これまでも繰り返し行ってきたように、政府は、保険料率の引き上げや給付カットを行うことにより、自転車操業の賦課方式の年金を強制的に続けることが「技術的には可能」です。問題は、若い頃、極めて低い保険料しか払わない一方で、潤沢な年金受給額を享受した世代と、その積立不足額のツケを回される後の世代で、著しい世代間不公平が生じることです。

二〇一〇年現在、厚生年金の保険料率（給料とボーナスを含めた給与所得に占める保険料支払額の割合）は一六パーセントほどですが、同じベースで、一九六〇年にはわずか三パーセントほど、一九七〇年でも五パーセントほどにすぎませんでした。つまり、保険料率は少子高齢化の進展とともに、近年になるほど急速に引き上げられてきたのです。今後も保険料率は引き上げ続けられ、二〇一七年に一八・三パーセントになったところで、一応、それ以上は引き上げられない予定となっていますが、現在の年金財政の状況を考えると、近い将来、保険料率の再引き上げは不可避なものと思われます。

一方、年金給付額については、少子高齢化の進展にもかかわらず、政策的大盤振る舞いによって長い間引き上げ続けられてきましたが、さすがにこれ以上は耐えられず、過去二回の年金改正によって、給付カットが始まりました。しかしながら、給付カットは既に年金を受給している高齢者の利益（既得権）を最大限に保持しますので、カットされるのはむしろ将来の高齢者、つまり、現在の現役層や将来世代達です。給付額も下限が制度上、存在していますが、現在の財政状況から考えると、現在の現役層の老後はさらに給付カットが進むものと考えられます。

年金による世代間不公平の実態

それでは現実に、いったいどれくらいの世代間不公平が生じているのでしょうか。厚生年金の場合について、「世代別の損得計算」を示したものが、図表4－2です。図表の縦に並んでいるのは生まれ年で、一九四〇年生まれを筆頭に二〇一〇年生まれまでを示しています。表内の数字は、その世代にとって、いったいいくらの「損得」をしているかという金額です。これは、各世代の平均的な寿命まで生きる人について、「生涯に受け取る年金額の総額」から「生涯に支払う保険料の総額」を差し引いた金額で、この数字がプラスなら「受け取り得」、マイナスならば「支払い損」ということになります。

図表4－2では二通りのケースの試算が示されています。次節で説明するように、現在

図表4-2　厚生年金の「世代別損得計算」

単位：万円

	保険料率再引き上げ	スライド追加調整
1940年生まれ	3,090	3,090
1945年生まれ	1,770	1,770
1950年生まれ	770	750
1955年生まれ	210	170
1960年生まれ	−260	−350
1965年生まれ	−660	−800
1970年生まれ	−1,050	−1,220
1975年生まれ	−1,380	−1,590
1980年生まれ	−1,700	−1,890
1985年生まれ	−1,980	−2,120
1990年生まれ	−2,240	−2,280
1995年生まれ	−2,460	−2,340
2000年生まれ	−2,610	−2,360
2005年生まれ	−2,740	−2,360
2010年生まれ	−2,840	−2,370

1940年生まれと
2010年生まれの差額は、
5460万円～5930万円

注）厚生年金における40年加入の男性、専業主婦の有配偶者のケース。生涯収入は３億円として計算している。

現状では100年後までの財政均衡は達成されていない。財政均衡を達成するためには、保険料率は2024年に再び引き上げ、2035年に22.5％に達した時点で固定するか（保険料率再引き上げのケース）、もしくは2048年までマクロ経済スライドを続け、所得代替率が40.2％になった時点で止めるかする必要がある。表中の「保険料率再引き上げ」「スライド追加調整」はそれぞれのケースにおける世代間の損得計算。経済前提は、2009年末までの実績値を織り込んだ2004年改正時点の経済前提値。人口推計は2006年版の新人口推計によるの財政状況では、一〇〇年後まで年金を維持することは非常に困難であり、途中での年金改革が不可避であると考えられます。改革の手段としては、保険料率の再引き上げか、更なる給付カットが必要となります。保険料率引き上げと給付カットでは世代間の損得に異なる影響を与えるために、二つに分けて計算しています。図表中の左（保険料率再引き上げ）が保険料率をさらに引き上げて改革するケース、右側（スライド追加調整）が給付カットによって改革するケースです。

図表４－２を見ると、例えば一九四〇年生まれの世代では、生涯に三〇九〇万円の受け取り超過、つまり得をしていることがわかります。この金額は生まれ年が後になるにしたがって減り、一九五〇年代後半生まれあたりでちょうど損得なしとなりますが、それ以降の世代はマイナスの金額なので支払い超過、つまり損をすることになります。もっとも若い二〇一〇年生まれの世代では、どちらの改革が行われようとも、二三七〇万円から二八四〇万円の損になります。つまり、一九四〇年生まれと二〇一〇年生まれの間の損得の差は、実に五四六〇万円から五九三〇万円という途方もない金額に達しているのです。

生まれ年が違うだけで、これほどの世代間不公平が生じているというのは、誠に驚くべきことです。

起こり得る政治的な年金破綻

つまり、公的年金問題の本質は、年金財政が技術的に維持できるかどうかということではなく、改革の繰り返しの結果として生じる巨額の世代間不公平と、将来世代の高い保険料・税負担にあるのです。

将来の国民の負担増は年金だけにとどまりません。医療保険や介護保険も年金同様に賦課方式で運営されているため、第五章、第六章で詳しく見るように、その保険料・税負担は急速に高まります。また、GDPの二倍を超えて膨張しようとしている現在の政府債務に対応するために、いずれ近い将来、税の大幅引き上げも不可避となるでしょう。

果たして将来の国民がその高負担に耐えられるのでしょうか。負担増を緩和するために給付カットを行っても、将来世代が受け取る年金額自体も減額されるわけですから、世代間不公平は全く縮小しません。また現在、必要な改革が先送りされていることによって、ますます世代間不公平が拡大しています。

このため、耐え難い高負担と巨額の世代間不公平に直面したわたし達の子孫達が、近未来において政治的に年金制度の維持を拒否する可能性は決して低くないと思われます。この「政治的な年金破綻」こそが最も恐れるべき事態であり、そのために、巨額の世代間不公平や将来世代の高すぎる負担を和らげる「年金制度の抜本改革」が必要なのです。

三、崩壊した一〇〇年安心プラン

一〇〇年安心プランのその後

さて、年金制度が将来、政治的に破綻するかどうかはともかくとして、自公政権が、二〇〇四年の年金改革において、今後一〇〇年間、年金財政は安泰であると高らかに宣言した「一〇〇年安心プラン」自体は、もはや完全に崩壊してしまったと言えるでしょう。

残念ながら、二〇〇四年以降の経済・社会情勢は、一〇〇年安心プランの前提となった甘い政府見通しを裏切る状況が続いています。特に、少子高齢化の進展は、当時の想定をはるかに超えるものになりました。また、積立金の運用利回りも、長引く景気低迷で、一〇〇年安心プランが前提としていた名目三・二パーセントの利回りに程遠い状況が続きました。

それに加えて、二〇〇八年秋に起きたリーマン・ショックによる世界金融危機・世界同時不況の発生です。これにより、巨額の積立金の運用損や景気の急落が起き、年金財政に大きなマイナスのインパクトを与えました。一〇〇年安心プランは、たった五年の間に、少子高齢化と景気急落、運用損という手痛いトリプルパンチを受けたのです。

この影響を見るために、筆者らが作成している年金財政シミュレーションモデルを使っ

図表4-3　厚生年金積立金の将来予測

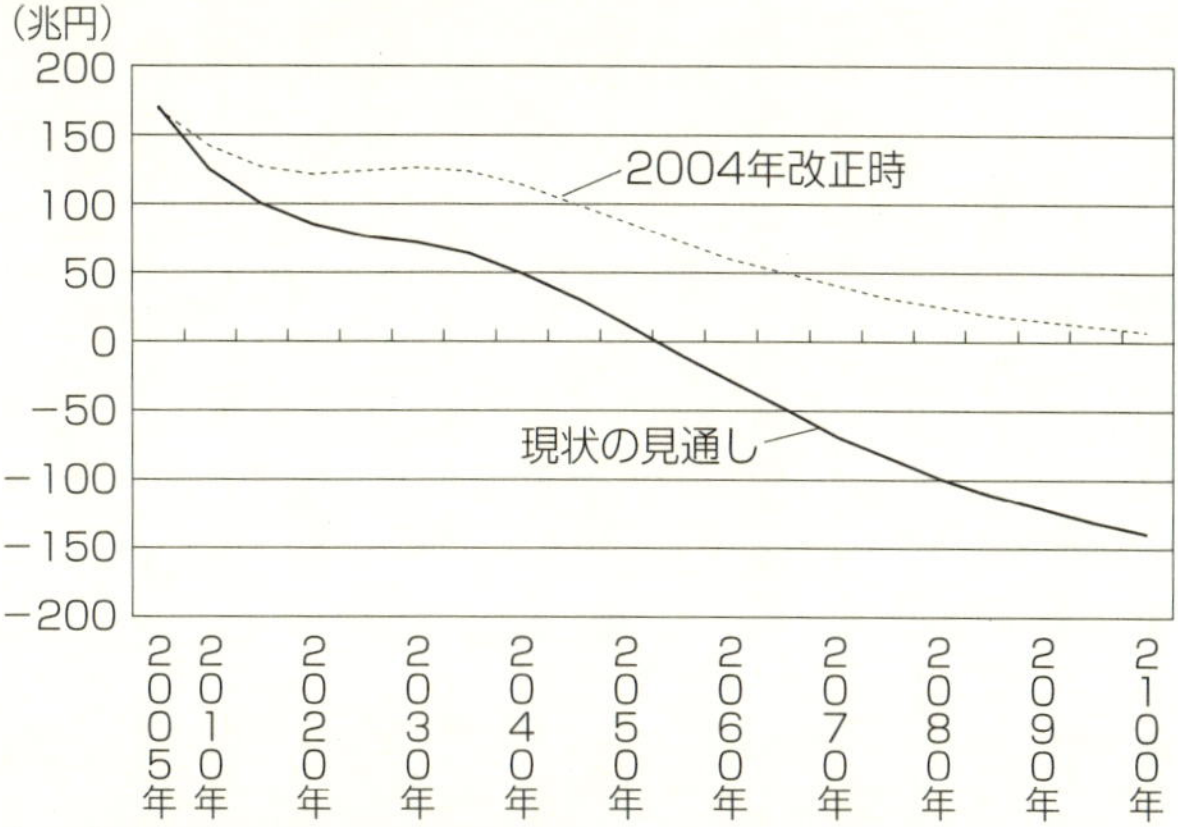

注）筆者試算。2005年時点の割引現在価値ベース。各経済前提値は、2009年末までの実績値を用い、それ以降は2004年改正で用いられた前提値のままである。人口推計は2006年版の新人口推計。マクロ経済スライドは2012年から2028年まで適用。2028年の所得代替率は50.0％

図表4-4　国民年金積立金の将来予測

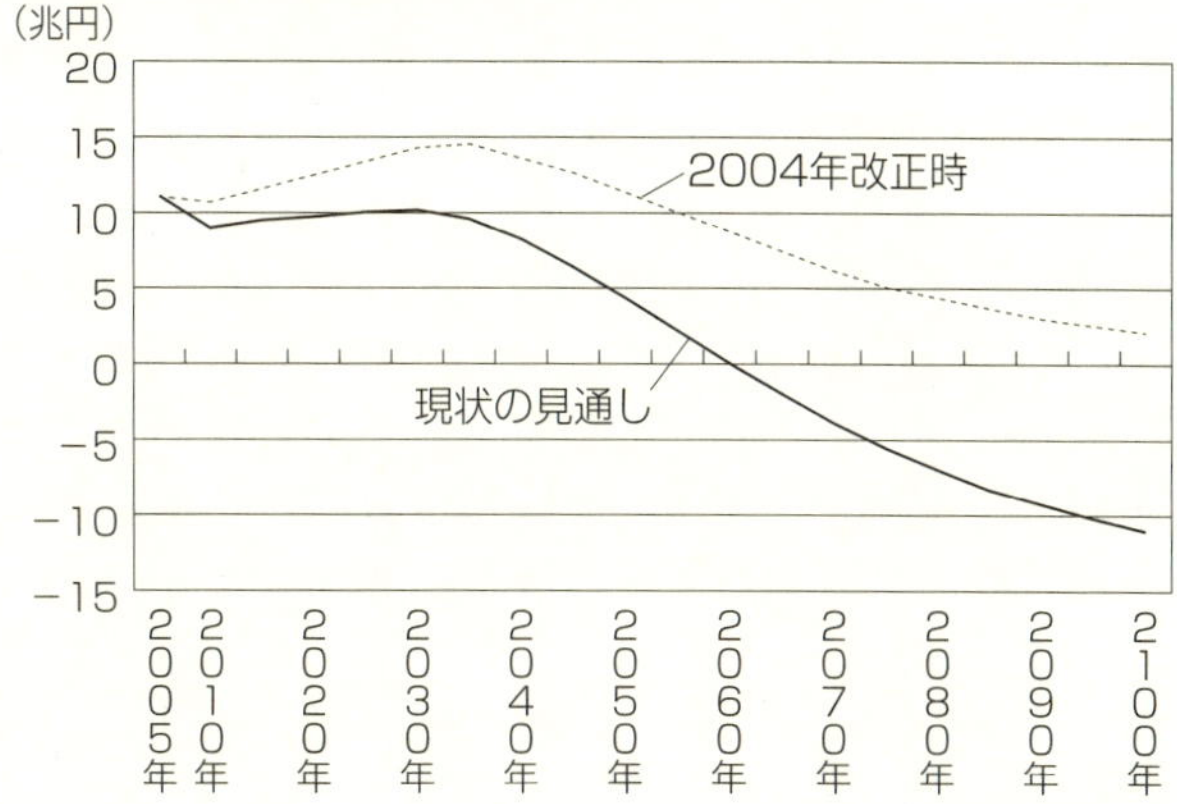

注）図表4－3と同様

て、現在の年金財政の維持可能性をチェックしてみましょう。図表4－3、図表4－4は、それぞれ、厚生年金、国民年金の積立金の推移を見たものです。まず、点線の「2004年改正時」と書かれた積立金の推移は、二〇〇四年改正時点の厚生労働省の予測値です。二一〇〇年まで積立金が枯渇せず、年金財政が維持される予定でした。

これに対して、二〇〇九年末までの経済状況に合わせて実績値を修正し、人口予測を厚生労働省による最新のものにして積立金の予測を再計算すると、図表中の太実線のように、厚生年金の積立金は二〇五五年、国民年金の積立金は二〇六〇年に枯渇してしまいます。つまり、かつて自公政権が約束した一〇〇年後まではとても積立金は維持できず、一〇〇年安心プランはもはや崩壊しているのです。

厚生労働省による年金粉飾決算

しかしながら、このような公的年金の危機的な財政状況は現在、ほとんど国民には知られていません。それは、国民に実態をひた隠しにするため、当時の自公政権や厚生労働省が、財政予測の前提となる数値を「粉飾決算」することによって、一〇〇年安心プランが破綻していないように見せかける努力を必死に行ってきたからです。

すなわち、二〇〇九年に行われた「財政検証」（五年に一度、厚生労働省が年金財政の

図表4-5　2009年財政検証で用いられた経済状況等の想定値

	2009年	2010年	2011-15年	2016年以降
運用利回り	1.5	1.8	3.2 → **2.9***	3.2 → **4.1****
賃金上昇率	0.1	3.4	2.1 → **2.7**	2.1 → **2.5**
物価上昇率	−0.4	0.2	1.0 → **1.9**	1.0 → **1.0**
合計特殊出生率	2050年に1.39 → **1.26**			
労働力率	労働市場改革が成功し、女性、高齢者で相当の上昇			
国民年金未納率	2009年から既に2割に低下（現状は約4割）			

注）太字が財政検証の想定値。→の左の細字は2004年改正時点の想定値。
＊は2011-19年、＊＊は2020年以降

維持可能性をチェック・公表するもので、企業で言う決算・業績予想のようなもの）において、厚生労働省は、積立金の運用利回りを始めとして、年金財政予測に使われる将来の経済想定を、非現実的なバラ色のシナリオに、大幅に「改竄《かいざん》」しました。

図表4－5は、二〇〇九年の財政検証で使われた経済想定を示したものですが、全体として、二〇〇四年改正の時点よりも、非常に甘い見通しが用いられていることがわかります。たとえば、二〇〇九年度の賃金上昇率は、現在、戦後最悪のマイナスの伸び率となることがほぼ確定していますが〇・一パーセントと横ばい、二〇一〇年になると三・四パーセントに急回復するというのです。労働力率も、政府が進めている労働市場改革が成功すると「仮定」して、現在の厳しい雇用情勢に

もかかわらず、大幅に引き上げられています。また、国民年金の未納率も現在の四割から二割に減少することが想定されています。

しかし、最大の問題はやはり、運用利回りです。これだけ市況が悪化する中において、前回想定（二〇〇四年時）の三・二パーセントを大幅に上回る、何と四・一パーセントという驚愕の高利回りに変更されているのです。財政検証時の五〇年物国債の利回りが二パーセント強であったことを考えると、まさに「市場もびっくり」の高利回りです。

また、この利回り引き上げ幅は、たかだか年〇・九パーセントではないかと思われるかもしれませんが、二〇一六年以降、今後一〇〇年近い長期間の想定として用いられているのです。一〇〇年の間に雪だるま式に増える複利計算は想像を絶する大きさ（一〇〇年で約二・四倍）で影響し、その結果として、少子高齢化の進展や景気急落、運用損を完全に相殺してしまうというわけなのです。

この粉飾決算については、民主党は政権交代前、現在の長妻昭厚生労働大臣や、山井和則厚生労働大臣政務官を中心に、問題を激しく追及していました。しかしながら、政権交代後、この問題はトーンダウンどころか、全く音沙汰がなくなってしまいました。民主党は、粉飾決算を明らかにすると、直ぐにでも年金財政を立て直すための改革を行わなければならない事実に気づき、怖じ気づいてしまったのでしょうか。もしくは、二〇一四年に実施を予定している抜本的な年金制度改革で、この財政問題も一緒に解決できるという甘い認識を持っているのかもしれません。

新制度でも引き継がれる財政問題

しかしながら、勘違いをしてはならないのは、民主党といえども、真っ白なキャンバスに絵を描くように、一から新しい年金制度を作ることはできないということです。「一〇〇年安心プラン」の崩壊という財政状況は決して消えてなくなったりはせず、民主党が計画している最低保障年金などの新制度の財政にそのまま赤字は受け継がれます。つまり、現状のままでは、新制度の財政状況は、初めから相当厳しいものとなることが必至なのです。

また、実際、新制度においても旧「一〇〇年安心プラン」はなくなりません。なぜならば、民主党の年金改革は、四〇年程度の移行期間を設け、現行制度と新制度を並立させながら、時間をかけて移行してゆく案だからです。たとえば、現在の年金受給者達は、民主党の年金改革が行われようとも基本的に全く関係ありません。現在の年金受給者達は、現在の「崩壊した一〇〇年安心プラン」にしたがって、今後も年金を受け取ることになります。民主党の説明不足により、月額七万円の最低保障年金を自分も受け取れると期待している年金受給者も多いようですが、残念ながら、その期待は完全に裏切られます。

さらに現在、保険料を支払っている現役層についても、現在までに支払った保険料に対応する年金額は旧「一〇〇年安心プラン」のままです。改革以降に支払う保険料と、それに対応した年金受給が新制度に置き換わるにすぎません。その意味で、いくら新制度になっても、現行の「崩壊した一〇〇年安心プラン」は、厳然と延命しているのです。

そう考えると、二〇一四年まで悠長に改革を待っている場合ではないことは明らかです。既に、一〇〇年安心プランは崩壊して、財政の維持可能性が保たれていないのですから、一刻も早く財政を立て直すことが必要です。たとえ、二〇一四年に「制度の抜本改革」がなされるとしても、それを実行可能なものに地ならしするためにも、「年金財政の立て直し改革」を実行することが、「今すぐに」必要なのです。財政状況の放置は、その後の抜本改革自体も困難にしてしまいます。

四、難易度の高すぎる民主党の年金改革案

民主党年金改革案の骨子

しかしながら、その後に控えている民主党の年金改革案は、そもそもきわめて難易度の高い改革案であると言わざるを得ません。二〇〇九年の衆議院選挙マニフェストにおい

て、民主党の年金改革案として掲げられていた骨子は次の四点です。
①現在、厚生年金、共済年金、国民年金の三つに分かれている年金制度を一つの制度に統一する。
②どんな低所得者・無業者でも最低七万円（月額）の年金受給を保障する「最低保障年金」を創設する。財源は、消費税である（「政策集INDEX2009」によれば、消費税率は五パーセント。税収全てを年金財源とする「年金目的税化」する）。
③所得の一五パーセントを保険料として徴収し、現役時代に納めた保険料総額に比例した形で、老後の年金受給額が決まる「所得比例年金」を創設する。
④改革案への移行は、旧制度と新制度を並存させつつ、四〇年程度の移行期間をとる。
②の「月額七万円の最低保障年金」については、二〇一〇年六月に公表された政府方針において、七万円という金額が削除されたことはすでに触れました。現段階では、これ以上の具体性はないため、詳細な制度論議は不可能ですが、今後早急に詰めてゆくべき課題は大きく三点あると言えます。
まず、第一の課題は、最低保障年金の財源規模です。具体的な論点は、最低保障年金を、現役時代の年収がいくらの人まで受給できる規模にするのかということです。実は、二〇〇七年の参議院選挙の際、当時の小沢一郎代表が「現役時の平均年収が六〇〇万円を

超えると最低保障年金が減り始め、一二〇〇万円超で打ち切る（零円となる）」と発言しています。

現在は、どのような年収で区切るのかは明確にされていませんが、民主党の支持団体である「連合（日本労働組合総連合会）」が、高年収者にも最低保障年金を出すことに固執しているとされており、小沢案が実施された場合には、最低保障年金の規模はおよそ一七兆円になると見込まれています。これは、消費税率にすると約七パーセントであり、もっと将来時点では、さらに消費税率が高まります。このため、最低保障年金の規模を余り大きくしてしまえば、最低保障年金が成熟する将来時点において、財政的に維持不可能な制度となってしまう恐れがあります。

所得把握率を高められるか

もし、最低保障年金を、現実的な規模に縮小できたとしても、自営業者、農林水産業従事者の所得把握の問題が、第二の課題として立ちはだかります。俗に、クロヨン、トーゴーサンなどと言われているように、わが国の自営業者、農林水産業従事者の所得把握率は、サラリーマンに比べて非常に低いと言わざるを得ません。そのため、実は、このままの状態で民主党案に移行すると、大変なことが起きてしまいます。

つまり、最低保障年金は所得比例年金が低ければ低いほどたくさん受け取ることができますから、所得を低く偽ることで、自営業者、農林水産業従事者は大きく得をすることができるのです。極端な話、所得ゼロと申告すれば、満額の最低保障年金がまったく負担なしで受け取れることになります。こうした「ただ乗り行為」が広範に行われれば、その分だけ、最低保障年金の財政規模は無駄に膨張し、後の世代にさらに多額の負担を残すことになります。

実行不能なスウェーデン方式

第三の課題は、所得比例年金の財政方式です。所得比例年金は、保険料として支払った総額が老後、年金として「比例的」に戻ってくる制度とされており、積立方式のような印象を与えていますが、実のところ、どのような財政方式をとるのかは、まだはっきりしていません。しかし、それが真の積立方式を意味するのか、それとも賦課方式を維持したままの修正なのかで、「世代間不公平の改善」、「年金財政の維持可能性」の議論は、大きく変わってきます。

所得比例年金創設で新たに保険料負担が大幅に増える自営業者、農林水産業従事者にとっては、積立方式のように、「きちんと年金が戻ってくる」制度でなければ、改革案に納得することは難しいと考えられます。しかし、現行の年金制度は、既に賦課方式で運営されており、改革後も、現在の年金受給世代への年金支払いを続けてゆかなければなりません。

その現在の年金受給世代、あるいは、もう直ぐ年金受給世代になる人々に対して、政府が今後支払いを約束している年金受給総額は、既に述べたように、厚生年金と国民年金合計で九五〇兆円も存在しており、現在持っている積立金の一五〇兆円を除いても、まだ八〇〇兆円もの「債務超過」が存在しています。このうち二五〇兆円は、そもそも国が国庫負担から拠出していた分なので除くとしても、まだ五五〇兆円の債務が、改革の前に立ちはだかります。つまり、この債務の処理に道筋を付けない限り、新しい積立方式の年金制度に移行することはできません。

この積立方式移行を遂げるためには、現在の年金受給者にも負担を迫らざるを得ず、まさに血を見るような国民的大議論が必要となります。筆者はそれでも積立方式に移行すべきと考えていますが、これまでの民主党の年金改革の議論を見る限り、債務処理の問題が明示的に論議されていませんから、本気で積立方式を考えているのかどうか、疑いを持たざるを得ません。

実は、もともと民主党案は一九九九年に行われたスウェーデンの年金改革をお手本にしているので、所得比例年金の財政方式としては、①原則、賦課方式を維持したまま、②一種のイリュージョンとして積み立てられているイメージを国民に持たせる「見なし掛金建て方式」という制度を考えている節があります。しかしながら、スウェーデンでこうした「イリュージョン方式」が可能であったのは、スウェーデンが少子高齢化のほぼ終わりつつある、緩やかに少子高齢化が進む国であるからです。

第三章で詳しく見たように、日本のように世界最速のスピードで少子高齢化を突き進む国が、スウェーデンを真似ることは、はっきり言って不可能と言わざるを得ません。「見なし掛金建て方式」とは、個人が拠出した年金保険料の総額に何らかの「係数」を掛けて、将来の年金受給額が決まる方式のことです。その係数は、過去世代への支払いや運用状況によって決定され、拠出した金額に「比例」して年金受給額が決まることになりますから、個人個人にとっては、積立方式のような印象となり、納得感が得られる制度です。

しかし、その係数が拠出額の一〇割から九割、八割、七割、六割……と、世代が後になるにしたがって下がってしまっては、いくら「比例」していても世代間不公平は明らかです。つまり、現行の賦課方式と何ら変わらないという印象になるのであり、馬脚が現れてイリュージョンにはなりません。

以上の議論からもわかるように、民主党が目指している年金改革案は「極めて難易度が高い」と言わざるを得ません。また、この難易度の高い制度改革の前に、財政立て直しも行う必要があり、それを行わなければ、財政状況はますます悪化して、さらに抜本改革の難易度が上がるという状況にあります。

こう考えると、政権交代後、民主党の年金改革に傾けるエネルギーが失われ、ペースダウンしてしまったことは、致命的な状況と言わざるを得ません。大きなエネルギーなしには、とてもこれだけの難易度の高い改革を実現することは不可能だからです。実際問題として一〇パーセントへの消費税引き上げすら実行できない民主党に、最低保障年金分として、さらに高い消費税引き上げを必要とする改革が実行可能でしょうか。このままの状況が続けば、民主党の年金改革は、国民の期待を煽《あお》るだけ煽っておいて、結局、最後に国民の期待を裏切る「第二の普天間基地問題」になる可能性が高いと思われます。

現実的な選択肢としては、まずは二〇〇〇年安心プランが崩壊していることを正式に政府として認めた上で、その財政立て直しに注力すべきです。具体的には保険料率引き上げとマクロ経済スライドによる給付カットを現在予定されているものよりも大きく行う必要がありますす。デフレ下で機能しないマクロ経済スライドの仕組みも、改める必要があるでしょう。

この程度の現実的な改革が出来てはじめて、大きな制度改革を語る資格があるのです。

第五章　医療保険財政の危機と医師不足問題

特殊な産業としての医療分野

民主党政権が掲げる「成長戦略」には、成長産業として医療産業が含まれていますが、まさに「産業」としての観点に立った場合、日本の医療産業はずいぶんと特殊な産業であることがわかります。

まず第一に、治療や投薬など、医療サービスの価格は「診療報酬」として国が定める公定料金に規制されており、病院か開業医かの違いもほぼなく、医療機関・医師の努力や技能の良し悪しにかかわらず、全く同じ料金が支払われています。これは、サービスの質に応じて料金が変わり、様々な選択肢を選べる「通常の産業」ではとても考えられないことです。

唯一、サービスの質や技能の差を料金に反映できるものとして、公的医療保険の利かない「自由診療」がありますが、日本では、自由診療部分と保険の利く「保険診療」を組み合わせて利用することが禁じられており（これを、「混合診療の禁止」と呼びます）、自由診療は諸外国に比べて極めて限られた範囲にとどめられています。

例えば、通常のがん治療を行っていて、保険の利かない最先端の抗がん剤だけを自己負担で使ってみたいと思っても、日本ではそれは出来ません。もし、そうしたことを行えば、ペナルティーとして、これまでの通常のがん治療費や入院費も、全て医療保険が使えないことになり、全額自己負担となってしまうのです。そのため、全額自己負担になってまで、最先端の薬や治療法を試せるのは、相当な高額所得者のみという不公平な状況となっています。

また、第二に、日本の医療産業は、参入規制が非常に厳しいことも大きな特徴です。医療産業の中心である病院の開設は、医療法人や自治体などの特殊な法人に限られています。また、その限られた病院のベッド数も、「病床規制」として、行政にコントロールされており、規制対象下では勝手に増設することが出来ません。多種多様な経営主体の新規参入や、優れた経営を行う医療機関の規模拡大が行えなければ、通常の産業のように、医療産業が成長することも難しくなります。

行き詰まる高度成長期のビジネスモデル

つまり、医療産業は、「価格」と「参入」という産業として最も重要な要素が、両方ともがんじがらめに規制されているのであり、「競争」による切磋琢磨で、創意工夫や技術革新が起きる「通常の産業」とは全く異なる「非競争的・非成長産業」であると言えます。それにもかかわらず、こうした厳しい規制が保たれている大きな理由の一つは、「医療の平等性を保つ」ということにあります。

しかし、「平等性を保つ」ためには、質や効率性の高い医療機関の方に基準を合わせることは出来ませんから、一番質や効率性の低い病院や開業医でも経営が成り立つように、「護送船団方式」によって、低い部分で平等なサービスが提供されることになります。これは、勉強の出来ない子に合わせて、出来る子にも進んだカリキュラムを教えないという日本の義務教育と同じ考え方であり、いくら平等とは言ってもむしろ「悪平等」と言うべきものです。

また、質の低い病院や開業医が高い料金をとっては、利用者の不満が募ることになりますから、医療保険に対する多額の公費投入によって、全体の料金価格のディスカウントが行われていることは、既に第一章で詳しく述べました。もちろんそれ以外にも、医療機関には、税制面での優遇や、施設整備に対する各種補助金、助成金も多数存在しており、公費による「産業保護」が行われています。

また、こうした利権を守るために、強固な業界団体が出現して政治力を発揮していることも、規制産業の典型的なパターンと言えます。経済学では、こうした政治活動を規制による超過利益（レント）を求める行動として「レント・シーキング」と呼びます。特に日本では、公定料金（診療報酬）の決定プロセスが、厚生労働省管轄の「中央社会保険医療協議会（中医協）」の場で、保険者等の「支払側」と医師等の「診療側」の交渉によって決定されるという非常に政治的な仕組みになっています。このため、医師達は「日本医師会」という強力な業界団体を形成し、いわば徒党を組んで、中医協に政治力を発揮し続けてきたのです。

こうした「選択肢のない平等主義（社会主義）」、「規制による護送船団方式の業界保護」、「公費投入による料金ディスカウント（ダンピング）」、「強固な既得権益団体による政治圧力」という医療産業の四つの特徴は、高度成長期のように、成長によってパイが広がり、財政的にも余裕のある時代の産物と言えるでしょう。

一、医療保険料は将来、どこまで上昇するのか

環境変化に適応できない医療産業

しかしながら、第三章で説明したように、こうした高度成長時代のビジネスモデルが、その全く逆の環境である現在の低成長・人口減少・少子高齢化時代に、そのまま維持できるはずがありません。以下に詳しく述べるように、現在起きている勤務医不足、医療崩壊といった社会問題は、小泉構造改革のせいというよりは、急激に変化する経済・社会環境に旧態依然とした医療産業が適応できなかったことに根本的な原因があります。

民主党政権は、小泉構造改革時代を否定して、時計の針を戻すように、再び医療費拡

大、医療産業への公費拡大のリバウンドを行っていますが、低成長・人口減少・少子高齢化という大きな流れを元に戻すことはできません。このリバウンドがいずれ行き詰まることは明らかと言えるでしょう。

国民年金の二割に迫る後期高齢者保険料

実際に、現在の「賦課方式」の財政方式で医療保険を運営し続けた場合、将来の医療保険の保険料は、どの程度まで上昇することになるのでしょうか。厚生労働省が二〇二五年まで行っている医療費予測値の諸前提を元に、最新の統計を反映して、後期高齢者医療制度の保険料額と、健康保険組合（健保組合）の保険料率（保険料額／ボーナスを含む賃金）を、二一〇〇年まで予測したものが図表5－1です。

一番上の行にある後期高齢者医療制度の保険料額は、二〇一〇年現在、月額で五二七五円（全国平均額）ですが、やはり、その後急速に上昇してゆくことがわかります。ただし、ここで示されている金額は、インフレ率を含んだ名目金額ですから、遠い将来の値はあまりに金額が大きくなり、どれぐらいの負担になるのか実感することが困難です。そこで、国民年金の満額（現在、月額六万六〇〇八円）に対する比率にして示したものが、真ん中の行にある数値です。現在、八・〇パーセントにあたる比率は、やはりその後急速に上昇

図表5-1　医療保険料の将来予測

	2010年	2015年	2025年	2035年	2050年	2075年	2100年
後期高齢者医療制度保険料額（月額、円）	5,275	5,858	7,219	8,896	12,170	20,517	34,588
国民年金満額に対する比率	8.0%	8.5%	9.5%	10.7%	12.4%	15.9%	20.4%
保険料率（健保組合）	7.5%	8.1%	8.7%	9.6%	11.2%	12.1%	11.7%

注）鈴木亘『だまされないための年金・医療・介護入門』東洋経済新報社（2009年）による試算を最新の数値を元に再計算

して、二一〇〇年には二〇・四パーセントにまで上昇してゆくことがわかります。

もちろん、現行の後期高齢者医療制度は二〇一三年に廃止され、新たな制度になる事が予定されています。しかし、新制度においても、高齢者の負担がなくなるわけではなく、二〇一〇年八月現在の方針（高齢者医療制度改革会議中間とりまとめ）では、「高齢者の保険料の伸びが現役世代の保険料の伸びを上回らないこと」とされているだけです。したがって新制度における高齢者の保険料が、現行制度と大きく異なるとは、今のところ考えられません。

一方、健保組合の保険料率は、二〇一〇年現在、全国平均で七・五パーセント程度ですが、これもだんだんと上昇してゆきます。ただし、その上昇の程度は、厚生労働省による賃金上昇率の想定がやや高く設定されていることもあり、二〇七五年の少子高齢化のピーク時においても、一二・一パーセントと、二倍までは上がりません。もっとも、現実の負担は、医療保険に投入されている公費分が、消費税や所得税などの形で、将来、別途徴収されますから、それらを全て含めた負担率は、これよりもずっと重いものになっていることでしょう。

現在、民主党政権は公費をさらに投入することによって、後期高齢者医療制度や国保、協会けんぽの保険料を引き上げないことに注力していますが、これは「焼け石に水」というものです。保険料を引き上げないためには、今後何十年にもわたって、公費の投入率を引き上げ続けなくてはなりませんが、そのようなことが維持不可能であることは明らかです。

また、保険料を引き上げるか、公費投入増に伴って税率を引き上げるかということは、一国全体のマクロ的な観点に立てば同じことですから、こうした全体として急増する負担増に根本的にどう対処すべきか、今から考えて備えておかなければなりません。公費投入によって、数年間、うわべだけ保険料を上げずに取り繕っても、それは、なんの意味もないのです。

二、勤務医不足問題の背景

料金が低すぎることがそもそもの問題

ここ数年、医療崩壊などといわれるように、病院の勤務医不足が深刻になってきました。特に、過疎地を始めとする地方病院や、産科や小児科、外科といった診療科において、勤務医不足が社会問題化しています。

経済学の観点に立って考えると、病院の勤務医不足とは、病院の医療サービスに対する患者の旺盛な「需要量」に対して、病院医師の「供給量」が少なく、「需要超過（待ち行列）」が継続的に発生している状態と表現することができます。つまり、医師不足（勤務医不足）とは、病院の「待機患者」が発生している状態と解釈できるのです。

それでは、何故、待機患者が発生しているのでしょうか。病院の医療サービスも、利用者がお金を支払って欲しがる「サービス」であるという点では、スポーツクラブやレストランのサービスと何ら変わりありません。人々が旺盛にサービスを求める背景としてまず考えられるのが、「料金が安い」ということです。「価格が安いものを欲しがる」というのは世の常なのです。

治療、投薬などの病院の医療サービスの場合、人々がサービスの対価として認識しているのは、自己負担額と保険料の金額です。既に述べたように、日本の医療保険には公費が約四割も投じられていますので、サービス水準に対比して、両者とも価格が非常に低い状況にあります。

特に、高齢者の場合は、高所得者などの一部の例外を除いて、自己負担率は約一割と世界的に見ても低い水準です。また、後期高齢者医療制度の保険料も、利用する医療費に比べて非常に低い状況ですから、両者あいまって、旺盛な需要を生み出しています。高齢者の場合、様々な持病を複数持っているのが一般的ですから、診療科の決まった開業医よりも、複数の診療科を同時に受診できる総合病院に対する需要が特に旺盛であると考えられます。さらに、高齢者の人数は急速に増え続けていますから、こうした病院の医療サービスに対する旺盛な需要は近年、特に急増しているのです。

需要増に拍車をかける児童医療費無料化

もう一つ突出して自己負担率が低いのは、乳幼児を始めとする児童の医療費です。現在、三歳未満の乳幼児にかかる医療保険の自己負担率は名目二割ですが、実際には、自治体による独自の公費投入により、ほぼ全国の市町村で乳幼児の医療費は無料となっています。つまり、市町村が発行する「乳幼児医療保険証」という保険証を、通常の医療保険証と合わせて提示することにより、二割分の医療費・調剤費を自治体が自動的に支払ってくれ、窓口の自己負担がゼロとなる仕組みになっています。

また近年は、自治体財政がこれほど苦しくなっているにもかかわらず、少子化対策として六歳未満の未就学児童や、小学校・中学校の義務教育児童の医療費無料化や負担軽減を実施する自治体が増加しつつあり、児童の医療費自己負担額は実質的にどんどん低くなっています。

しかし、どんなものであっても、料金が無料であれば大行列が発生することは必然です。無料の物は誰でも欲しいのです。このため、過剰な労働を強いられていることで知られる小児科医に、ますます大勢の患者が押し寄せ、大行列が発生しています。しかも、開業医は決まった時間、決まった曜日にしか診療時間を設定していないため、夜間や休日などの突発的な児童の急病には、病院の小児科のみしか対応できません。

このため、しばしば「コンビニ受診」といわれるような病院の小児科に対する昼夜ない患者の大行列が発生することになります。病院の小児科医を疲弊させ、医師離れを加速させている背景には、明らかに、この児童の自己負担額低下の影響があると思われます。児童の医療のために良かれと思ってやっていることが、結果的に、小児科医離れを生んで、児童の医療環境を悪化させているのです。実に皮肉な話と言えるでしょう。

供給量を減少させる開業医シフト

さて、待機患者発生のもうひとつの原因は、病院の勤務医の供給量が急激に減少したことにあります。勤務医が減少した理由として、まず第一に挙げられるのが、近年急速に高まったとされる医療への「安全要求」と、それに伴う医療訴訟や医師逮捕の増加です。これは特に産科や外科などで顕著です。そのようなリスクを勤務医が背負わざるを得なくなったために、相対的にリスクが少なく、収入も多い開業医へのシフト現象が生じているのです。また、そのような開業医シフトに伴って、残っている病院勤務医の労働がさらに過重なものとなり、耐え切れなくなって退職が相次ぐという現象が起きています。

一方、過疎地・地方病院の勤務医不足問題は、二〇〇四年から始まった「新医師臨床研修制度」という制度改正が大きく影響しています。新医師臨床研修制度とは、これまで大学の医局で行われてきた単一診療科での研修制度に問題があるとして、複数の診療科のローテーションを組んだ「臨床研修病院」を新たに認定し、二年間の研修を義務付けたものです。

研修医達は、それまでは出身大学の医局に所属して研修したり、その指示によってほぼ強制的に、地方にある系列病院に派遣される状況にありました。それが新制度によって、研修病院を自由に選択できるようになったため、研修医達が、医局や地方の系列病院ではなく、都会にある総合病院での研修を希望し、過疎地・地方病院の医師不足が急激に表面化したのです。また、大学病院自体が医局に残らない医師の不足を補ったり、あるいは臨床研修病院に認定されるために、中堅医師を系列病院から引き上げたことも、過疎地・地方病院の医師不足に拍車をかけました。

三、価格決定に対する政治介入の問題点

問題に拍車をかけた診療報酬引き下げ

このように、病院の医療サービスに対する旺盛な「需要量」と、縮小する「供給量」の両者に構造的な問題が発生していることが、勤務医不足問題の根本的な原因です。この問題を放置したまま、例えば、民主党が二〇〇九年衆議院選挙マニフェストで掲げた「医学部定員の一・五倍の増員」を行ったとしても、問題は全く解決しないでしょう。

なぜならば、せっかく増員した研修医が、これまで同様、都市部の病院に研修に行ったり、小児科や産科、外科を避けたり、直ぐに開業医になってしまうからです。また、医学部定員を増やしても、一人前の医師になるためには、六年以上の月日が必要ですから、もともと即効性のある対策とは言えません。

もし、この問題を直ぐに解決したいのであればその処方箋は明らかで、高齢者や児童の低すぎる自己負担率を適正化するとともに、病院の勤務医と開業医の「料金」を大幅に変えるという「荒療治」が必要です。具体的には、病院の診療報酬を大幅に引き上げる一方、開業医の診療報酬を引き下げるべきです。特に、勤務医不足が深刻な地方病院や、小児科、産科、外科の診療報酬は大幅に引き上げなければなりません。

開業医の診療報酬を引き下げる理由は、国の財政状況をこれ以上悪化させられないので、一方を上げるために、一方を下げる必要があるからです。また、開業医シフトが起きて、特に都市部の開業医の供給が過剰であることも、その理由の一つです。

しかしながら、現行の「中医協」による診療報酬改定という枠組みの中で、そうした荒療治が可能かというと、まず不可能であると言ってよいでしょう。それどころか、現行の仕組みでは、今後むしろ問題を悪化させる可能性が高いとすら言えます。

実は、需要面と供給面以外に、近年、勤務医不足を引き起こした第三の要因と考えられるのが、「診療報酬改定の政策ミス」です。具体的には、小泉構造改革中の二〇〇二年以降、前回の二〇〇八年の改定に至るまで、都合四回の診療報酬引き下げが矢継ぎ早に行われてきたことが、問題を悪化させたと考えられます。

すなわち、この一連の診療報酬の引き下げは、特に外来よりも入院医療の引き下げ幅が大きかったため、開業医よりも病院側に引き下げの影響が大きく出たと言えます。これは、ただでさえ、診療報酬を引き上げなければならなかった病院の診療報酬を逆に引き下げたわけですから、勤務医不足問題にさらに拍車をかけました。

中医協における価格決定プロセスの問題

この診療報酬引き下げは、医療費を抑制し、医療保険財政の維持可能性を少しでも確保するために行われた政策ですから、その意味で、待機患者、勤務医不足問題の根本的な背景には、財政問題があると言えます。つまり、財政問題といった政治的な問題が、医療産業の心臓部とも言える「料金設定」に安易に介入してくることが、勤務医不足問題を引き起こした背景の一つなのです。

ただ、より根本的には、診療報酬を引き下げたことが問題と言うよりは、病院と開業医の間の「相対的な料金価格」を変えられないことにこそ、問題があると言うべきです。たとえ、全体として診療報酬を引き下げたとしても、病院の診療報酬を引き上げることができれば、ここまで勤務医不足が深刻になるはずがないからです。

しかし、中医協による政治的決定プロセスでは、このような相対的な料金価格を調整することは容易ではありません。なぜならば、開業医を中心とする業界団体である日本医師会の政治的影響力が強すぎるからです。また、春闘のように全体としてのプラスを目指すような「全員参加型の団体交渉」では、開業医と病院、あるいは診療科ごとの配分を変えることなど、そもそも仕組みとして非常に難しいのです。

例えば、直近の二〇一〇年の診療報酬改定では、病院の勤務医不足対策のために、病院の診療報酬が引き上げられることになりました。しかし、開業医達にも配慮するために、開業医の診療報酬までもが引き上げられたため（開業医の「引き上げ幅」を四〇〇億円分だけ削り、引き上げ率をプラスのまま少しだけ小さくするという措置がなされました）、結局、病院の診療報酬引き上げは、年間一五〇〇億円だけという冗談のような規模にとどまりました。

現在、医療機関の収入総額（医療費のうち医科分）は、実に約二六兆円にも上っているのです。この内訳は、病院が約一八兆円、診療所（開業医）が約八兆円ですが、これが一五〇〇億円増えたり、四〇〇億円少なくなったところで、両者の配分にはほとんど影響しません。つまり、この程度の診療報酬の差では「焼け石に水」なのであり、勤務医不足対策として全く意味をなしていません。

有識者委員を中心に近年、改革の努力が行われているとはいえ、この中医協という仕組み自体、高度成長によってパイが広がってゆく時代の「遺物」です。パイが狭まってゆき、あちこちに偏在が生じる時代には、残念ながら時代遅れの調整方法としか言いようがありません。民主党政権による医療保険財政の拡大が、財政赤字の深刻化で行き詰まる中では、こうした「配分を変えられない仕組み」は致命的な欠陥となります。現行の中医協という仕組みに頼る限り、勤務医不足問題を解決することはほぼ不可能と言えるでしょう。今後は「拡大型」から「分配型」の調整方法を摸索する必要があります。

具体的な改革方法については第八章で論じます。

第六章　介護保険財政の危機と待機老人問題

民主党政権は、介護産業も成長戦略分野の一つとしていますが、前章の医療産業に引き続いて、やはり通常の「産業」という観点から考えると、介護産業も大変に特殊な産業と言わざるを得ません。その特徴や問題の構造は、まさに医療産業とそっくりと言ってよいでしょう。また、次章で述べる保育産業とも問題の構造が共通しています。

実際問題として、医療、介護、保育を始めとして、社会保障・社会福祉の各分野における問題は、驚くほど似通っています。介護産業で起きている介護労働力不足問題、特別養護老人ホームの入所待機者（待機老人）という社会問題も、その原因は、医療産業や保育産業の待機患者（医師不足）、待機児童と同じで、「価格規制」、「参入規制」にこそ問題の根源があります。

一、介護産業と医療産業の類似性

介護保険の基本的な仕組み

医療保険に比べ、介護保険は二〇〇〇年に新しく始まった社会保障制度なので、まだまだ馴染みが薄いという国民も多くいると思われます。そこで、まずはじめにわが国の介護保険制度を、簡単に解説しておきましょう。制度を一言で説明すると、「四〇歳以上の全住民から介護保険料を徴収し、原則六五歳以上で要介護状態になった場合に、介護保険サービスを一割の自己負担で受給できる」という仕組みです。保険の運営者は、基本的に各市町村ですが、「広域連合」としていくつかの市町村がまとまって運営しているところもあります。

保険料の徴収対象は、六五歳以上を「第一号被保険者」、四〇歳から六四歳を「第二号被保険者」として分け、前者は年金給付額からの天引き、後者は医療保険と合算しての徴収が行われています。

介護保険で介護サービスを受けられるのは、基本的には六五歳以上の第一号被保険者で、その中でも、介護が必要と認定された要介護者・要支援者です。介護が必要な人々は、要支援(一、二)から要介護(一～五)までの七つのランクに区分され、要介護度が高い(重い)ほど利用可能なサービスの上限額(利用限度額)が増加します。

利用できる介護サービスの種類は、大まかに言うと、自宅に居住しながら受けられる「居宅サービス」と、介護施設に入居して受けられる「施設サービス」に分かれます。居宅サービスの主な種類は、自宅を訪問して介護をしてくれる訪問介護サービスや訪問入浴サービス、要介護者を半日程度預かってくれるデイケア・デイサービス、一週間預かってくれるショートステイなどがあります。

一方、施設サービスは三種類で、特別養護老人ホーム、老人保健施設、療養型病床があります（これを三施設と呼びます）。このほか、要介護者が入居できる施設としては、有料老人ホームやグループホーム、ケアハウス等の施設がありますが、これらは介護保険では形式的に「施設」とは位置づけられておらず、居宅サービス等として扱われています。

介護産業の価格規制と参入規制

介護保険制度が画期的である点は、居宅サービス分野に、「市場メカニズム」を一部取り入れ、民間活力を利用した仕組みになっていることです。すなわち、全ての種類の法人に参入が自由化され、株式会社や有限会社といった営利法人やＮＰＯ法人でも経営できることになっています。このため、居宅サービス分野は、介護保険開始後、まさに爆発的に供給量が増加したのです。

また、どの業者と契約するかという選択は、利用者が自由に行えることになっており、（市町村ではなく）利用した業者に直接、代金を支払うという「通常の産業」と同じ、当たり前の仕組みになっています。これまで「措置」（行政による福祉サービスの配給制度）として、利用者に選択の自由がなく、業者に利用者へのサービスを行うという観点が希薄であった福祉の世界では、こんなことでも驚天動地の転換でした。

しかし、通常の産業と同じ仕組みはここまでで、それ以外の点は、むしろ医療産業に似通っていると言えます。

まず第一に、介護サービスの価格は「介護報酬」として国が定める公定料金に規制されており、介護サービス業者の努力や技能の良し悪しにかかわらず、わずかな例外的加算を除いて、全く同じ料金が支払われています。介護報酬は、診療報酬ほどではありませんが、やはり厚生労働省に設けられた社会保障審議会の介護給付費分科会というところで、政治的なプロセスを経て決定されています。

第二に、施設サービス（三施設）の分野では、依然として、医療機関並みの厳しい参入規制が設けられています。すなわち、特別養護老人ホームは社会福祉法人か自治体、老人保健施設は社会福祉法人か医療法人か自治体、療養型病床は医療法人か自治体というように、開設できる法人格が厳しく規制されたままになっています。また、やはり医療の病床規制と同様に、地域内に開設できる施設数を限定する「総量規制」が行われて、施設数が行政によって完全にコントロールされています。

このように三施設に厳しい参入規制があって供給量が増加しないため、介護保険開始以来、居宅サービス分野に分類されていた有料老人ホームやグループホーム等が、三施設の代わりに旺盛な需要を吸収して、急速にその利用を伸ばしてきました。これらは、株式会社やＮＰＯ法人によって運営されているため、フットワークよく供給量を増加させられたのです。しかしながら、保険料上昇を何とか抑えたい自治体の要望もあり、二〇〇五年の介護保険改革からは、有料老人ホームやグループホーム等にも総量規制が行われるようになってしまい、現在は、供給増がほぼストップしている状況です。

六割近い公費投入率

このように、介護産業についても、「料金価格」を選ぶ選択肢がなく、「参入」についても施設分野や居宅サービスの施設は規制されているため、医療産業と同様に、創意工夫や技術革新が起きにくい産業と化しています。

また、医療保険よりも深刻な点は、公費投入率が極めて高いことです。介護給付費の実に六割近い部分が公費によって賄われており、残る保険料部分も賦課方式として、現在の高齢者にはわずかな負担しか求めていませんから、医療産業以上の大変な料金ディスカウント（ダンピング）が行われている状態です。

さらに、施設介護の分野では、税制面での優遇や、施設整備に対する各種補助金、助成金も多数存在しており、公費による「産業保護」が行われています。特に、特別養護老人ホームを開設する社会福祉法人に対しては、施設整備費として建設費の四分の三程度が公費によって賄われます。このため、特別養護老人ホームの一ベッド当たりの建設費は、都市部では二〇〇〇万円程度に上るなど、恐るべき高コスト体質が維持されています。

また、こうした公費補助金が経営を左右する大きなファクターとなるため、施設介護分野では、強力な業界団体が形成されています。まだ歴史が浅いため、日本医師会ほど巨大な組織ではありませんが、特別養護老人ホームの業界団体である「全国老人福祉施設協議会（老施協）」、老人保健施設の業界団体である「全国老人保健施設協会（全老健）」などが、介護報酬の決定や、補助金の増額などに政治力を発揮しています。

二、介護保険料は将来、どこまで上昇するのか

国民年金の四割近くに迫る第一号保険料

介護保険についても「賦課方式」の財政方式となっているため、少子高齢化が進む中で、保険料が急上昇することは医療保険と同様です。実際、将来の介護保険の保険料はどの程度まで上昇するのでしょうか。厚生労働省が二〇二五年まで行っている介護費予測値の諸前提を元に、最新の統計を反映して、六五歳以上の第一号被保険者の保険料額および第二号被保険者（健保組合）の保険料率（保険料額／ボーナスを含む賃金）を、二一〇〇年まで予測したものが図表6－1です。

まず、一番上の行の第一号保険料を見ると、二〇一〇年現在、月額四一六〇円の保険料

図表6-1　介護保険料の将来予測

	2010年	2015年	2025年	2035年	2050年	2075年	2100年
第１号 保険料額（月額、円）	4,160	5,487	8,671	11,733	17,795	37,566	63,495
国民年金満額に対する比率	6.2%	7.8%	11.2%	13.9%	17.9%	28.7%	36.9%
第２号 保険料率（健保組合）	1.2%	1.4%	2.0%	2.4%	2.7%	3.2%	3.3%

注）鈴木亘『だまされないための年金・医療・介護入門』東洋経済新報社（2009年）による試算を最新の数値を元に再計算

は二〇一五年には五〇〇〇円台半ば、二〇二五年には八〇〇〇円台後半にまで急上昇することがわかります。ただし、ここで示されている金額も、インフレ率を含んだ名目金額ですから、遠い将来の値は実感がわきにくい数字となっています。そこで、前章の後期高齢者医療制度の保険料で示したものと同様、国民年金の満額（現在、六万六〇〇八円）に対する比率にして示したものが、図表の真ん中の行にある数値です。

　現在、六・二パーセントに過ぎない保険料額は、医療保険料をはるかに上回るペースで上昇し、二〇二五年には約二倍にあたる一一・二パーセント、二〇五〇年には約三倍の一七・九パーセントとなり、最終的に二一〇〇年には六倍近い三六・九パーセントまで上昇することになります。先の後期高齢者医療制度の保険料（二〇・四パーセント）と合わせると、実に国民年金満額の六割近くが医療・介護保険料に充てられるという冗談のような状況になってしまいます。これでは到底、この時代の高齢者達は生きてゆけませんから、その前に抜本的な対策を講じなければなりません。

一方、第二号被保険者（健保組合）の保険料率は現在一・二パーセントと低いために、二〇〇〇年であっても三・三パーセントと比較的軽微な保険料率です。もっとも、その倍率は現在の約三倍に引き上がっていますから、介護保険給付費の上昇が如何に急速であるか、このことからもよく分かります。さらに、現実の負担は、介護保険に投入されている六割近い公費分が、消費税や所得税などの形で、将来、別途徴収されますから、それらを全て含めた負担額は、これよりもずっと重いものになっていることでしょう。

現在、介護保険を運営している各自治体は、三施設や有料老人ホーム、グループホーム等に対する総量規制を強めたり、地方独自のローカル・ルールを定めて、不正受給を摘発したり、特定の種類のサービス利用を認めないなどして、介護保険料が引き上がらないように注力しています。

しかしながら、長期的観点に立てば、こうした努力は「焼け石に水」というものであり、保険料や公費はどんどん増え続けます。医療保険同様、こうした急増する負担増に根本的にどう対処すべきか、今から考えて備えておくことが重要です。

三、介護労働力問題の背景

料金が低すぎることが第一の問題

医師不足問題と並んで、現在、大きな社会問題となっているのが「介護労働力不足問題（介護人材不足問題）」です。これは、二〇〇五－〇六年ごろから発生した問題で、介護現場の労働力が急に少なくなり始め、残った介護ヘルパー達が過重な労働を強いられる状況が続いています。離職者が増えると、労働時間や労働密度が増して労働環境がさらに悪化し、ますます離職者が増え、人材が集まらなくなるという悪循環が生じています。

この問題も、医療同様、経済学の観点に立って考えると、介護サービスに対する旺盛な「需要量」に対して、介護労働者の「供給量」が少なく、「需要超過（待ち行列）」が継続的に発生している状態と考えることができます。すなわち、介護労働力不足とは、介護サービスに対する「待機者」が発生している状態なのです。

それでは、何故、待機者が発生しているのでしょうか。医療サービスと同様、介護サービスにおいても、人々がサービスの料金として認識しているのは、自己負担額と保険料の金額です。既に述べたように、日本の介護保険には公費が約六割も投じられていますので、サービス水準に対比して、両者とも料金価格が非常に低い状況にあります。

特に、要介護者の自己負担率は一割と非常に低い水準ですし、公費投入と賦課方式があいまって、保険料もサービス水準から考えて低すぎる状況ですから、大変旺盛な需要が生み出されています。しかも、要介護者の人数は、高齢化、長寿化に伴って、まさに激増を続けていますから、需要量が急増しているのです。

一方、供給面にも多くの問題があります。二〇〇五－〇六年ごろから急に介護労働力が不足し始めたのは、まず第一に景気回復の影響があります。二〇〇〇年に介護保険が開始されて以降、完全失業率が悪化し、一時は五パーセントを上回る状況が続いたために、介護サービスの分野では、労働力不足を感じることなく、多くのヘルパーを雇用してきました。一時期は、日本の産業で労働者が増加しているのは介護サービス分野だけだったこともあるぐらいです。

ところが、二〇〇四年ごろから景気回復とともに失業率が低下し始め、二〇〇五年、二〇〇六年は四パーセント台前半、二〇〇七年に入って三パーセント台の失業率まで景気が回復していました。つまり、介護サービス以外の産業で、労働需要が急速に増加し、その結果として賃金が上昇していたのです。このため、介護ヘルパー達は少しでも高い賃金を求めて、スーパーのレジ打ちなどの小売業やサービス業へと移っていきました。

第二の問題は公定料金

しかしながら、もし、介護産業が「通常の産業」と同じ仕組みであれば、介護サービスの料金と、介護ヘルパーの賃金を引き上げ、他の産業に介護ヘルパーがシフトしないように防げばよいだけのことです。それが出来なかったのは、介護報酬という公定料金に、介護産業の料金価格が固定されていたからです。介護サービスの料金が引き上げられませんから、需要はいつまでたっても旺盛なままで減少しません。一方、サービスの料金が引き上げられないために、介護ヘルパーの賃金も頭を抑えられて引き上げられませんから、介護ヘルパーがどんどん他の産業にシフトしていったのです。

しかも、政府は、二〇〇六年の介護報酬改定において、むしろ逆に、介護報酬を大きく引き下げてしまい、この介護労働力不足問題をさらに悪化させました。これは、ただでさえ、介護サービスの料金引き上げを行わなければならない状況下で、料金をさらに引き下げたということですから、供給はさらに減少し、需要はさらに増加します。つまり、結果として両者の差である介護労働力不足はさらに深刻化することになったのです。

介護報酬が引き下げられた理由は、介護保険財政を何とか維持し、介護保険料を上げないようにしたいという政策的意図がありました。つまり、この介護労働力不足という問題も、医師不足同様、やはり、財政問題が根本的な背景であると言えます。財政問題といった政治的な問題が、介護産業の心臓部とも言える「料金設定」に安易に介入してくることが、介護労働力不足問題を引き起こした原因の一つなのです。

もっとも、二〇〇九年の介護報酬改定では、政府は二〇〇六年の政策ミスを認め、介護報酬を三パーセント引き上げるという措置を行いました。また、二〇〇八年秋のリーマン・ショックに始まる景気急落とその後の低迷の影響で、介護労働力不足問題は現在、やや改善に向かっています。しかしながら、現行の社会保障審議会・介護給付費分科会による政治的な価格決定という仕組みに頼っている限り、いつまた財政的な要請から、介護報酬が引き下げられ、介護労働力不足が深刻になるかわかりません。少なくとも、介護ヘルパー達がそうした政治リスクを認識している状況では、介護労働力不足は根本的には解決が難しいと思われます。

四、待機老人問題の背景

介護労働力不足は、居宅サービスと施設サービスの両者に共通する問題ですが、施設サービス特有の「待機者問題」として三施設、特に、特別養護老人ホームの入所待機者の問題（待機老人問題）があります。

厚生労働省による二〇〇九年一二月の調査では、特別養護老人ホームの入所待機者は、全国で四二万一二五九人も存在しており、二〇〇六年三月の前回調査（約三八・五万人）から約三万六〇〇〇人増え、一向に解消の見込みがたっていません。

この待機老人問題の背景も、介護労働力不足問題と全く構造が同じで、第一の原因は、料金が安く、需要が旺盛すぎることにあります。驚くべきことに、二〇〇五年改革以前は、特別養護老人ホームに入居する利用者は、食費や部屋の居住費（ホテルコスト）も全て介護保険が支払い、介護サービスに対する一割の自己負担以外は、無料という状態でした。

これでは、グループホームや有料老人ホーム等の入居者に対して、著しく不公平です。そこで、二〇〇五年改革において、この点の改善が行われましたが、経過的な負担軽減措置や、所得状況によって食費や居住費が補助される「補足給付」という仕組みが導入されていますので、依然、特別養護老人ホームの費用負担額は低く、その分だけ、旺盛な需要は減少しません。

それならば、公費をもっとかけて特別養護老人ホームの供給量を増やせばよい気がしますが、既に述べたように、一ベッド当たりの建設費は都市部では約二〇〇〇万円という異常な高コスト体質ですから、財政難に悩む各自治体も、特別養護老人ホームを簡単には増やせない状況にあります。もちろん、特別養護老人ホームを作れば、その市町村の介護給付費は増加して、介護保険料が上昇してしまいますから、市町村はそれを避けようとします。

おまけに、グループホームや有料老人ホームなどの施設に総量規制がかかったことも、特別養護老人ホームの需要を再び高めていると考えられます。近年は、三施設を始め、有料老人ホーム、グループホームにも入居できない要介護者が、行き場を失って、劣悪な「無届老人施設」に入居するということも、広範に見られています。

そのために起きた象徴的な事件の一つが、二〇〇九年三月、群馬県渋川市の無届老人施設「静養ホームたまゆら」において、一〇人の高齢者が亡くなった火災事故でした。スプリンクラーなどの消火設備もなく、夜間の当直職員は一名だけ、建物自体も燃えやすいベニヤ板などで建て増しされた劣悪な施設でしたが、このような無届施設に頼らざるを得ないほど、現在、待機老人問題は深刻化しているのです。

第七章　待機児童問題が解決しない本当の理由

二〇一〇年四月から、まさに鳴り物入りで始まった民主党政権の「子ども手当」でしたが（二〇一〇年度は半額の一人当たり月額一万三〇〇〇円が支給）、財源不足を背景に、二〇一〇年六月の参議院選挙マニフェストでは、早くも残り半額分の支給が公約から削除されてしまいました。

正確には、残り半額分の支給は、子ども手当の支給ではなく、保育所の定員増等の「現物サービスによる上積み」を目指すということです。しかしながら、もともと民主党は、子ども手当とは別に、「待機児童対策」を二〇〇九年の衆議院選挙マニフェストで掲げていましたから、これはまったく「詭弁」としか評しようがありません。

しかも、二〇一〇年のマニフェストでは、二〇〇九年のマニフェストで掲げられていた「待機児童の解消」という項目が、驚くべきことに完全に削除されてしまいました。これも、実現可能性の低いマニフェスト項目を見直すという「現実化路線」の一環なのかもしれませんが、待機児童数が過去最大を更新し続け、「就活」「婚活」ならぬ「保活」（保育所入所のための活動）に悩む母親が多いことを考えると、極めて残念な政策変更と言わざるを得ません。

いったい何故、待機児童問題の解決はそんなに難しいのでしょうか。財源が少ない中では、待機児童の解消は不可能なのでしょうか。

まずは何故、待機児童問題が起きるのか、その背景を詳しく見てゆきましょう。

一、問題を過小評価させる待機児童統計

過去最大を更新し続ける待機児童数

厚生労働省によれば、最新統計である二〇〇九年一〇月の待機児童数は、全国で四万六〇五八人と、昨年に比べて五八七四人も増加して、過去最大の水準に達しました。また現在、全国各地における二〇一〇年四月の待機児童数が集計されているところですが、例えば、東京都内の待機児童数は一万一四三六人と、四月ベースの過去最大数を更新し、全国的にも二〇一〇年度はさらに待機児童が増加するものと見られています。これは、リーマン・ショックに始まった景気低迷の影響で、夫の失業や減収分を補おうと、乳幼児を抱える母親達がパート・アルバイトに出ていることが背景です。

しかしながら、よく見れば、待機児童数はたかが四万六〇〇〇人程度にすぎません。一方で、国が正式な保育所として認可し、補助金を出している「認可保育所」は、自治体が経営している「公立保育所」と、福祉事業を行うための特殊な法人格である「社会福祉法人」が経営する「私立保育所」がありますが、両者を合計した利用児童数自体は二〇四・一万人にも達しています（図表7－1）。

図表7-1　保育所数と利用児童数

	保育所数	利用児童数
認可保育所	22,925	204.1万人
うち公立保育所	11,008	90.1万人
うち私立保育所	11,917	114.0万人
無認可保育所	約1万	約23万人

注）認可保育所は2009年4月時点。無認可保育所（認可外保育所）は2007年時点

つまり、二〇四・一万人に対する四・六万人ですから、この程度、ちょっと努力をすれば解決できそうな数字に思われます。小泉政権下の「待機児童ゼロ作戦」に始まり、認可保育所の定員を増やす努力はこれまでも行われてきたはずなのに、何故、待機児童はなかなか解消しないのでしょうか。実はまず、この待機児童数の見た目の少なさが、政府に待機児童対策を甘く考えさせ、抜本的な対策が行われてこなかった原因の一つと言えるのです。

第一に、この待機児童数の定義には、不足する認可保育所に入ることを諦め、やむなく「無認可保育所」を利用している約二三万人の児童数がほとんど含まれていません（図表7－1）。無認可保育所（正式には認可外保育所）とは、各自治体が応急的に設置している小規模の保育所や保育室、東京都の認証保育所（東京都が独自の補助金を投入している認可保育所に近い質を保つ無認可保育所）、企業が従業員のために独自に作る事業所内保育所、ベビーホテルなどのことですが、厚生労働省の管轄外にあり、国

からの補助金が全くありません。

このため、利用者の保育料は月額六万円程度と高く、しかも保育士数や施設設備が認可保育所に比べて乏しい状況となっています。第二に、この待機児童数の定義には、就職活動中の母親、もしくは働きたいと考えているにもかかわらず、保育所に子供を預けられないために就職口を決められず、入所申し込みができていない母親の児童数が除かれています。

この統計の取り方は、失業したとしても、求職行動を示さない限り、失業者と定義されない、国の雇用統計と同じです。実は、失業率は、景気が回復しても初めはかえって悪化する傾向があることが知られています。それは、これまで働きたくとも、「どうせ働き口はないだろう」と諦めていた「潜在的失業者」（統計上、失業者となっていなかった人々）が、景気回復に期待を寄せて求職活動を行い、失業者として顕在化してしまうからです。このため、しばしば「ジョブレス・リカバリー（雇用なき景気回復）」と呼ばれる状況となります。失業率が回復するには、さらに力強い景気回復を持続させることによって、この潜在的失業者を一掃しなければなりません。

実は、待機児童数の構造もまったく同様です。各自治体が少しばかりの認可保育所を増やしたとしても、それがかえって「呼び水」となり、これまで統計に表れなかった「潜在的待機者」が入所申請をして、新待機児童として顕現化する状況では、待機児童数はなかなか減少しません。待機児童数が減少するためには、統計上に現れた四万六〇〇〇人の数だけではなく、統計上に現れていない潜在的待機児童数を解消しなければならないのです。

それでは、この潜在的待機児童数はいったいどれくらいの数、存在しているのでしょうか。厚生労働省が二〇〇九年に行った大規模なアンケート調査によれば、こうした潜在的待機者数は、何と全国で約八〇万人も存在しています。なるほど、待機児童問題がなかなか解決しないわけなのです。

二、低すぎる認可保育所の保育料

認可保育所二万円、無認可保育所六万円

経済学的に考えると、待機児童問題が生じている理由は、概ね三つあります。一つは、認可保育所の保育料が低すぎるということです。第五章、第六章で述べた医療、介護分野と同様、保育所を利用したいという「需要」が、保育所の定員という「供給」を上回る「超過需要（待ち行列）」、つまり「待機児童」を発生させる理由は、公定料金である認可保育所の保育料が低く固定されているため、需要が旺盛すぎることにあります。やはり、

安ければ、欲しがるというのが世の常なのです。

実際、筆者が二〇〇九年、内閣府と協力して行った大規模なアンケート調査では、認可保育所利用者の平均的な保育料は月額二万円強と、約六万円もかかる無認可保育所と比べて極端に安い状況でした。

この理由は、保育行政が「福祉」であることと無縁ではありません。本来、「応能負担」として、所得に応じて最高で八万円までの保育料が課されるはずですが、一方で低所得家庭は、無料か非常に低い保育料となっています。このため、各自治体は、低所得者とそれ以外の所得層の不公平感があまり大きくならないように、独自の保育料設定や様々な減免によって、中所得、高所得家庭の保育料も実質的に低めている場合が多いのです。三歳を超えると保育料が半額程度になる措置が講じられていますし、第二子、第三子の減免を行う自治体もあります。

さらに、そもそも自営業の利用者の場合には所得把握が難しく、実際の所得から計算される保育料に比べて、大幅に保育料支払額が低くなっています。また、最近は保育料を支払わない未納問題も深刻化している状況です。こうした異常に低い認可保育所の保育料を支えているのはもちろん、公費による補助金で、既に述べたように、認可保育所の運営費の約八割が公費によって賄われています。無認可保育所には、国の補助金は全く投入されていませんから、認可保育所と無認可保育所の間で、公費投入の著しい格差、不公平が生じているのです。

公平性の観点からも問題

このことは、子育て家庭の間の所得格差を、むしろ広げていると考えられます。現在、認可保育所が利用できるかどうかの決定は、親から提出された所得や就業状況の証明書を元に、市区町村の「保育審査会」が点数をつけて、高い点数順に決定をしています。

その点数は、両親とも正社員で長時間労働している場合ほど高くなるため、両親とも正社員である中高所得の家庭が入所しやすく、片親が非正社員、もしくは両親とも非正社員の場合には、都市部の認可保育所に入所することはかなり難しい状況です。

認可保育所に入所できなければ、無認可保育所に入所せざるを得ませんが、その場合には、月額六万円程度の高い保育料を支払うことになりますから、所得の低い非正社員の方が高い保険料を支払わなければなりません。つまり、保育分野では、公平性の観点から、非常に問題の多い福祉施策が行われているのです。

三、認可保育所の高コスト体質

人件費の高い都市部の公立保育所

待機児童が解消できないもう一つの原因は、認可保育所の運営費、補助金が多額すぎて、政府・自治体の「財政的な制約」から供給量がなかなか増やせないということです。実際、もし保育料の引き上げなしに、潜在的待機児童数を含めた現在の待機児童を全て解消させるのであれば、認可保育所を新規に作るなどして、約八〇万人分の新たな定員増を図らなければなりません。

しかしながら、認可保育所は、参入障壁に守られた規制産業ですから、非常な高コスト体質となっており、運営費に対する公費の投入割合は、既に述べたように約八割にも達しています。この莫大な公費投入がネックとなって、認可保育所を増やすことは、政府・自治体にとって容易なことではありません。

特に、待機児童が顕著な都市部の認可保育所は、黙っていても「お客（利用者）」が運ばれてくる状況ですから、ほとんど競争に晒されず、非効率で高コストの「ぬるま湯経営」を享受しています。たいていの利用者は、裏で巨額の税金が投入されているとは知らず、現状の安い保育料に満足しきっていますから、認可保育所は、利用者からの苦情やコスト感覚といった緊張感に晒されません。

ぬるま湯経営の高コスト体質がどれくらい深刻かというと、例えば、東京二十三区の公立保育所における〇歳児一人当たりにかかっている保育運営費は、何と、平均で月額五〇万円程度の水準に達しています。保育料負担が平均で月額約二万円ですから、児童一人に対して実に月額四八万円もの公費が投入されている計算になります。もちろん、東京二十三区は極端な例ですし、〇歳児もコストの最も高い年齢層ですが、高コスト体質は都市部の公立保育所に共通する構造です。この背景にあるのは、保育士の人件費の高さです。

都市部の公立保育所の正保育士（常勤職の保育士）は、地方公務員の俸給表に原則従っているため、国の補助金である「保育単価」の人件費をはるかに上回っており、地方自治体の一般会計繰り入れ（税金投入）で、運営費を補わざるを得ない状況となっています。再び、極端な東京二十三区の例を挙げると、大半を占める正保育士の年収（賞与、諸手当を含む）は、平均で八〇〇万円程度です。もちろん、園長ともなると、それよりもはるかに高い年収を受け取っています。

また、公立保育所は、一つずつの保育所内に調理施設を持たなければならないという規制があるために（この点は私立保育所も同様です）、外部からの給食搬入が出来ず、大変なコスト高となっています。そして、この公立保育所で働く常勤調理師達も、正保育士とほぼ遜色《そんしょく》ない高い年収を得ています。

さらに、国の定めた児童一人当たりの保育士数の「最低基準」をはるかに上回る正保育士を配置している公立保育所も少なくありません。例えば、二階建ての保育所では、万が一、地震や火事が起きた際に、二階から児童を下ろす必要があるからなどという名目で、階段ごとに保育士数を最低基準を上回って「常駐」させたり、障害児がいる場合にも、児童一人に一人の正規保育士を配置する自治体があります。こうしたことがあいまって、都市部の公立保育所の驚くべき高コスト体質が形成されています。

私立保育所の問題点

一方、私立保育所の場合には、先ほど同様、東京二十三区における〇歳児一人当たりにかかっている保育運営費を例にとると、平均で月額三〇万円程度ですから、公立保育所に比べればはるかにマシな水準であると言えます。これは、私立認可保育所の場合には、国からの人件費補助金の計算方法に構造的な問題があり[8]、むしろ正保育士達の賃金が低く抑えられていることが原因です。

8　さらに、公立、私立保育所ともに、朝夕の時間帯などに勤める臨時保育士、短時間保育士の賃金はワーキングプアと言えるような低水準であり、問題を複雑化しています。私立認可保育所の正保育士の賃金設定の問題や、臨時・短時間保育士の低賃金問題の詳細は、鈴木亘『社会保障の「不都合な真実」—子育て・医療・年金を経済学で考える—』日本経済新聞出版（二〇一〇年）を参照してください。

ただ、保育料負担が平均で約二万円ですから、〇歳児一人に対しての公費投入額は二八万円と、やはり絶対値で見れば、相当の高コスト体質と言わざるを得ません。私立保育所の経営母体である「社会福祉法人」は、自らの土地を寄付した篤志家が経営者となる特殊な法人格であるため、医療機関や特別養護老人ホームと同様、必ずしも優れた経営者によって運営されているとは限りません。また、家族経営、同族経営が多く、家族、親戚が占める理事や役員の報酬が多額に及んでいます。また、相続税が一切かからずに土地建物が相続資産となるために、施設費や修繕引当などのコストも節約する動機が働きません。

公立、私立ともこうした背景があり、新たに八〇万人の定員増を図るためには、国と地方の財政負担を合わせて、ざっと見積もって、年間約一兆一〇〇〇億円の公費（税金）投入が必要です。このほかに、公立保育所の用地取得費や建設費、私立保育所の施設整備補助金（建設費に対する補助金）を考えると、当初の数年は年間二兆〜三兆円規模の公費投入額が必要となる計算です。

「子ども手当」の半額分すら捻出できない財政状況で、この公費投入額を工面することは、現政権には事実上、不可能であると考えられます。このため、民主党政権も、その前の自公政権も、「待機児童を解消する」という掛け声だけは勇ましいものの、実際には財源不足から、ほとんど対策らしい対策を行わずにいたのです。

四、新規参入を拒む保育業界

配当ができない株式会社

既存の認可保育所が高コスト過ぎて増やせないのであれば、実質的に自治体と社会福祉法人のみに限られている参入規制を緩和し、効率的な経営ができるNPO法人や株式会社による保育所を増やすことが対策として考えられます。

介護保険の居宅サービス分野の例を見てもわかるとおり、NPO法人や株式会社は、フットワークよく供給量を拡大し、低費用で効率的な経営を行うため、既存の認可保育所に比べて運営費は二～三割程度低く、公費投入額は認可保育所の半分以下で済みます。つまり、公費のかけ方として、レバレッジの高い（公費投入に対して供給増加量が多い）、効率的な供給拡大策と言えるでしょう。

しかしながら、競争に晒され、これまでの既得権益が奪われると感じた保育業界団体（全国保育協議会、日本保育協会、全国私立保育園連盟のいわゆる保育三団体）が、こうした参入規制の緩和策に、政府の審議会・検討会などの場で現在、猛反対を続けています。

実は、二〇〇〇年の法律改正により、認可保育所に対するNPO法人や株式会社の参入は現在、形式上、認められています。しかしながら、保育業界団体の政治活動により、様々な「実質的な参入障壁」が依然として維持されており、社会福祉法人以外の法人が設置した保育所数は、現在、全体のわずか二パーセント程度にすぎません。

「実質的な参入障壁」には様々なものがありますが、例えば、認可保育所の運営費の使途として、「配当」が禁じられていることは、実質的に株式会社の保育分野参入を拒んでいると言ってよいでしょう。株式会社が株式で資金を調達した場合には、通常、株主に対する「配当」を行わなければなりません。

これは、銀行から資金を借りた場合に、利子を支払うこととほぼ同じことです。特に、日本企業の場合には、配当性向（株式で調達した資金に対して、配当を行う割合）は非常に低いことが知られていますから、銀行の利子率と配当性向は、ほぼ同水準に収斂《しゅうれん》しています。もし、市場競争の中で、無理に過度な配当を行ったとしても、結局、株式自体の価格が下がってしまうので、株主もそれを歓迎しません。保育関係者が空想する「過度な配当」などということは現実には生じないのです。

しかしながら、保育業界団体や保育業界に関係が深い有識者達は、保育制度改革を話し合う政府の審議会や検討会などの場において、「株式会社は、保育の質をわざと低めて利益を出し、配当として株主に過度に還元するから、保育分野では配当を認めるべきではない」と主張しています。しかし、株式会社が配当を「全く出来ない」ということになれば、そもそも資金調達が出来ませんから、新事業を行うことができなくなってしまいます。また、既存の株主に対しても全く配当を行わなければ、「株主代表訴訟」として株主から訴えられる可能性が大ですから、そもそも認可保育所への参入は不可能です。

つまり、保育業界団体やそれに追随する有識者達、厚生労働省の保育官僚達が、配当禁止に固執するのは、保育の質が低下するからなどという「建て前」に理由があるのではなく、競争力のある株式会社の参入を実質的に拒みたいという「本音」があるものと考えられます。

「株式会社が株主の利益のために保育の質を下げてまで過剰な配当を行う」というのは、経済学の立場からは、事実無根な主張としか言いようがありません。しかし、百歩譲ってそれを認めたとしても、もし株式会社がそうすることを禁じたいのであれば、配当の「全面禁止」ではなく、「過度の配当の禁止」をすればよいだけのことです。例えば銀行利子率からかけ離れた配当性向を禁じることで十分に対応できますから、配当の全面的禁止にこだわるのは、明らかに、それ以外の意図があるのです。

再投資できない保育産業

また、別の「実質的な参入障壁」の例としては、「保育所の運営費は当該保育所内で全て使い切らなくてはならず、保育所の新規開設費用に回すことができない」という再投資に対する規制があります。一般的に、株式会社やＮＰＯ法人が何故、フットワークよく供給量を拡大できるかといえば、既存の事業所運営で得られた利益・余剰金を、新たな事業所設置のための再投資に使うからです。

「利益を上げて再投資する」ことこそが、利用者が求めるサービスの供給が増加してゆくという「資本主義のダイナミズム」を生む基本的な仕組みなのです。これが禁じられていては、保育産業にビジネスチャンスはありませんから、そもそも優れた株式会社やＮＰＯ法人が、保育産業に参入してくるはずがありません。一方で、家族経営、同族経営が多い社会福祉法人は、そもそも規模を拡大する動機は持たず、手厚い補助金を含む運営費を役員報酬や施設整備に「使い切る」ことをためらいませんから、今のままの仕組みを維持するほうが好都合です。

さらに、株式会社やＮＰＯ法人であっても、保育分野では、特殊な「社会福祉会計」を作成しなければならないという規制もあります。株式会社は既に企業会計の作成が義務付けられ、監査法人によるチェックも行われて、社会福祉会計よりも厳密な基準の会計を公開しています。しかし、そのほかに、社会福祉会計などという特殊な会計基準の作成が求められ、それも監査しなければならないということは、二重に事務負担がかかり、保育分野への参入意欲が削《そ》がれてしまいます。

競争条件も極めて不公平

そのほかに、株式会社やＮＰＯ法人は、施設整備費補助金の対象にならないという規制もあります。施設整備費というのは、簡単にいうと建物の建設費用のことですが、社会福祉法人の場合には、その費用の四分の三程度が公費補助金で賄われています。これに対して、株式会社やＮＰＯ法人は全て自前で建物を建設しなければならず、しかも、その建設費分の投資を回収するために、保育料を引き上げたり、運営費補助金の増額を要求することもできませんから、社会福祉法人との間に、極めて大きな競争条件の不公平が生じています。

また、保育所の土地建物を賃貸しようにも、その賃貸料に運営費を充てることも制限されています。さらに、社会福祉法人の場合には、消費税、法人税、固定資産税、相続税など、ほぼ全ての税金が免除されている一方、株式会社、ＮＰＯ法人はこれらの税を負担しなければなりません。まさに、株式会社、ＮＰＯ法人は、保育分野に参入すると踏んだり蹴ったりの状態となるのです。

しかし、中にはこうした競争条件の不利を乗り越えて、参入しようという勇気ある株式会社やＮＰＯ法人があります。こうした極めて優れた事業者に対して、最後に立ちはだかる「実質的な参入障壁」が、市区町村が定める「ローカル・ルール」です。これは、国の法律上、株式会社やＮＰＯ法人の参入が認められているにもかかわらず、市区町村が条例等で独自の基準を作って、その参入を認めないというもので、都市部の市区町村で広範に行われています。

これだけ多くのハンディキャップを背負わされた株式会社、ＮＰＯ法人が、保育産業に参入してこないのは、いわば当然のことです。しかし、これでは、いつまでも新規参入を拒む保育業界の既得権益が守られ続け、待機児童問題は完全に袋小路となって、解決しようがありません。

第八章

「強い社会保障」ではなく「身の丈に合った社会保障」へ

さて、いささか憂鬱な話の続いた本書も、いよいよ最後の章になりました。読者の中には、ここまで来る間に、既に暗澹《あんたん》たる気持ちになってしまった方も多いに違いありません。そのような読者のためにも、この第八章は、今後、日本はどのような社会保障改革を行うべきなのか、これまでの問題の「解決編」を提案したいと思います。

ただし、本書が提案するのは、現在の民主党政権のブレーンとなっているマルクス経済学者や医療・福祉の専門家達が提示する「楽観的な社会保障制度の理想像」ではありません。残念ながら、日本の経済・社会状況や財政問題は、もはや真っ白なキャンバスに一から絵を描くように「理想像」が語れる状況には到底ないからです。

その代わりに本書が提案する改革案は、一言で言えば「身の丈に合った社会保障制度」であり、財政破綻や社会保障制度の破綻を避けるために、今、何をしなければならないのかという、「現実的対応策」にすぎません。

しかも、筆者がこれまでの一連の著作[9]で提案してきたような①年金、医療保険、介護保険の積立方式への移行や、②基礎年金財源の目的消費税化、③給付つき勤労控除等の抜本的税制改革、④機関補助から直接補助への補助金改革といった「安心できる社会保障制度構築のための難易度の高い改革」は、とりあえず本書では説明を止め、「今そこにある危機」を避けるための喫緊《きっきん》の提案のみをご紹介したいと思います。現在の経済、財政状況や民主党政権の政策実行能力を考えると、①から④のような改革は、現在の危機的な財政状況を脱した後に考えるべき「次の次元の課題」となってしまいました。

なお、本章では、紙幅に限りがあるため、第四章で説明した内容以外の年金制度の改革案は省略します。筆者が考える年金改革案については、左の欄外に挙げた筆者の他の著作に詳しいので、そちらをご覧ください。

一、第一章から第七章のまとめ

日本の社会保障制度は高度成長モデル

まず手始めに、第一章から第七章の要点をもう一度振り返っておきましょう。ここまで詳しく論じてきたように、「高度成長時代」に形作られた日本の社会保障制度は、人口構成が若く、高い経済成長率によって分配の「パイ」が広がってゆくことを前提としたシステムとなっているために、現在の低成長、少子高齢化社会には適応できず、あちこちで「制度疲労」を起こしています。

9　鈴木亘『だまされないための年金・医療・介護入門―社会保障改革の正しい見方・考え方―』東洋経済新報社（二〇〇九年）、鈴木亘『社会保障の「不都合な真実」―子育て・医療・年金を経済学で考える―』日本経済新聞出版社（二〇一〇年）、鈴木亘『年金は本当にもらえるのか？』ちくま新書（二〇一〇年）

すなわち、医療、介護、保育に共通する①公費漬け、補助金漬けの「高コスト体質」、②参入規制、価格規制に守られた悪平等の「護送船団方式」、③多額の公費投入による見せ掛けの「低料金」、④天下りや利権を介した業界団体と官僚、政治家の強固な「既得権益の結びつき」といった「高度成長モデル」は、急速な高齢化や女性の社会進出に伴う需要急増と、低成長と労働力減少による財政難から、そのシステムがもはや維持できなくなっています。その表れが、医療分野の医師不足・医療崩壊問題であり、介護分野の介護労働力不足や待機老人問題、保育分野の待機児童問題であると言えるでしょう。

しかも、これからますます状況は厳しくなってゆきます。高齢者がその時代の現役層に支えられるという年金、医療保険、介護保険の全てに共通した財政の仕組み（賦課方式）の下では、今後六〇年程度にわたって財政状況は悪化の一途を辿ります。現在の現役層の将来、あるいは将来の世代は驚くべき高負担を強いられ、世代間の不公平も巨額に達します。

さらに現在は、賦課方式の下で、まだ低いはずの保険料・税負担ですら十分に徴収しておらず、多額の財政赤字として将来に負担を先送りしている状況です。もちろん、毎年発生している莫大な財政赤字の原因は社会保障だけではありませんが、第一章で説明した一般会計の「社会保障関係費」は二七・三兆円と既に一般歳出の半分以上を占めており、財政赤字発生の大きな責任を負っています。

少なくとも、一般会計の年金、医療保険、介護保険、雇用保険等の社会保険に投入されている公費分（二〇・七兆円）のうち、消費税の国税分九・六兆円（消費税率五パーセントのうち、一パーセントは地方財源のため、四パーセント分）で賄いきれていない一一兆円程度は、社会保障関係費に直接関連した財政赤字として考えるべきと思われます。これに加えて、地方自治体が医療保険や介護保険に投じている公費や、保育等の分野に不合理に投じられている公費も含めれば、一二兆～一四兆円ぐらいが「一般会計の社会保障費」に関連した財政赤字と考えることが出来ます。これらはだいたい消費税率にして五～六パーセント程度と考えられます。

財政的に限界に達しつつある社会保障関係費

しかも、社会保障関係費は、今後も高齢化による自然増で、毎年一・三兆円ずつ拡大してゆきますから、一〇年で一三兆円と、消費税率にして五パーセント分も増加します。つまり、このままでは、毎年の財政赤字を減少させるどころか、財政赤字を現状の規模にとどめることすら容易なことではありません。そのような中、既に日本政府の借金は、二〇一〇年度末に九七三兆円と、GDP比で二倍を超え、ギリシャのような財政危機へのリミットは刻一刻と迫っている状況です。

あと一〇年もつのか、二〇年もつのか、それとも危機は目前に迫っているのか、市場の予想と関連することなので、財政危機のタイミングを正確に予測することは困難ですが、借金できる金額に上限がある以上、根本的な改革が行われない限り、日本は近い将来、必ず財政的に行き詰まることは明らかです。

こうした中、現在の財政状況に危機感を抱いて、消費税率一〇パーセントへの引き上げに言及した菅直人内閣でしたが、二〇一〇年七月の参議院選挙の惨敗を受け、消費税率引き上げの議論は今や完全にストップし、先送りされている状況です。第三章に見たように、ねじれ国会と多数政党という政治状況を考えると、少なくとも二〜三年後というタイミングでの消費税引き上げはまず不可能であり、たとえ実現したとしても、政党間の政治ゲームの結果として、その消費税引き上げ幅は低く不十分なものにとどまることでしょう。

もちろん菅内閣には、前の鳩山内閣のように、未実現のマニフェストをまだまだ実施しようとして、財政赤字拡大によって、社会保障の大盤振る舞いを野放図に広げる意思はないものと思われます。しかしながら、二〇一一年度予算編成では、二〇一〇年度の膨張した社会保障関係費の水準を聖域として維持した上で、さらに高齢化による自然増（一・三兆円）をそのまま容認する方針をとっていますから、社会保障費拡大というベクトル自体は変わらず、政府の借金は膨張し続けます。

消費税による増税という手段を当分の間封じられた現在、既存の「強い社会保障」という政策方針の維持は、財政危機への道を急ぐことに他ならないのです。現政府のブレーンのマルクス経済学者達が提唱している「社会保障で経済成長」などという主張は、通常の経済学から見れば間違った「まやかしの経済学（Voodoo Economics）」ですから、参議院選挙後の新しい状況を転機として、直ちに政策方針を現実路線へ転換させなければなりません。

二、負担引き上げか、支出抑制か

負担引き上げはやはり難しい

今や日本の社会保障制度にとって、もっとも優先度が高い政策目標は、「財政上、将来まで維持可能な制度にする」ということです。現在は、社会保障費の大盤振る舞いが続く一方で、保険料や税負担を引き上げられず、先に説明したように消費税五〜六パーセント分に当たる財政赤字を、社会保障分野で作り出しています。

しかも、この一般会計の社会保障費に関連する財政赤字は今後一〇年間で、ほぼ倍額となる消費税一〇～一一パーセント分に達しますから、現状の社会保障制度は、「財政上、将来まで維持できる制度」では到底ありません。「理想の社会保障制度とは何か」などと、夢物語を語っている場合ではないのです。理想論は、現在の危機的な財政状況を脱してから語るべきです。

財政上、維持可能な制度にするために取り得る手段は、大きくは二つしか存在しません。つまり、①税負担や保険料を引き上げて「収入」を増やすか、②社会保障費全体を抑制するか、社会保障費への公費投入額を抑制するかして「支出」を減らすか、という二つの手段です。

今回の二〇一〇年七月の参議院選挙で民主党や各政党が思い知ったことは、たとえ、社会保障財源に充てると明言しても、消費税引き上げは、未だ国民のコンセンサスにはなっていないということです。もちろん、説明不足や準備不足、首相発言のブレなど、国民が拒否反応を起こした原因は他にもありますが、やはり、本音のところでは国民は消費税引き上げに簡単には賛成しないのです。

今後、再び消費税引き上げという選択肢をとろうとするには、国民にきちんと消費税引き上げの必要性を説明し、時間をかけてコンセンサスや信頼できる社会保障制度を作ってゆくほかありません。しかし、これでは即効性や規模の点から言って、財政赤字削減策として大きな効果は期待できません。

そうなると、もう一つの負担引き上げ手段としては、保険料引き上げが考えられます。今後、毎年一・三兆円の社会保障関係費の自然増を保険料負担増で賄うほか、一般会計の社会保障費に関連する財政赤字分も徐々に保険料引き上げで解消してゆくことになります。

しかし、それがどの程度可能かというと、消費税引き上げほどではないにせよ、やはり現状では相当に困難と言わざるを得ません。二〇〇八年四月の後期高齢者医療制度発足に伴うわずかな保険料引き上げに対して、高齢者達による反発があれほど著しかったことを考えても、この点は明らかでしょう。また、民主党政権は現在、後期高齢者医療制度や国民健康保険、協会けんぽにおける自然増的な保険料引き上げですら、公費投入や財政調整を増やして避けようとしていますが、これも国民の保険料負担引き上げに対する反発を予想してのことと思われます。

もちろん、保険料引き上げについても、消費税引き上げと同様、国民にその必要性を説明して、時間をかけてコンセンサスを得ることは必要ですし、やるべきでしょう。また、消費税とは異なり、保険料は必ず社会保障支出に使われることが制度的に担保された負担ですから、消費税引き上げよりは本来、説得しやすいものと思われます。しかし、保険料の課税ベースは現役の勤労者のみですから、消費税率にして五パーセントから将来的に一一パーセントものオーダーとなる金額を保険料引き上げだけで賄うことは大変な負担であり、相当大きな反発が予想されます。

社会保障費抑制に軸足を置いた改革の必要性

このように考えると、やはり現実的な政策手段は、「社会保障関係費の抑制」に軸足を置いた改革であると思われます。もちろん、この方向とて国民の反発はありますから、消費税引き上げ、保険料引き上げに最大限努力しつつ、同時に社会保障費抑制にウェイトを置いた財政赤字削減策を目指すべきだと思われます。現実的に、全ての手立てを合わせて「合わせ技一本」を狙うことしか道は残されていないと思われます。

社会保障関係費の抑制という方向性には小泉構造改革及び、それを引き継いだ「骨太方針二〇〇六」という前例があります。医療・福祉の業界団体や一部のマスコミによるネガティブ・キャンペーンのせいで、未だに国民の多くが誤解をしていますが、これらは社会保障関係費の総額を「減少」させた改革ではありません。小泉構造改革及び「骨太方針二〇〇六」は、高齢化によって毎年一・二兆円の自然増となる社会保障関係費を、毎年二二〇〇億円分だけ抑制して、自然増を毎年一兆円程度にとどめようとした極めて控え目な改革にすぎません。

ダイエットに例えれば、せいぜい、夜一〇時以降に食事をしない、週に一日休肝日を作るといった程度の内容で、それを続けても太り続けていることには変わりがなかったのです。また、この小泉構造改革及び「骨太方針二〇〇六」の下でも、現在よりもよほどきちんと、保険料は引き上げられ続けてきましたから、社会保障費抑制一辺倒の政策であったわけでもありません。

実際問題として、小泉構造改革及び「骨太方針二〇〇六」は、医療や福祉業界には大変不評でしたが、当時の国民にはそれほど不興を買ってはいませんでした。しかし、自公政権末期の麻生内閣が、再び業界団体頼りの選挙戦を展開したことにより、二二〇〇億円の抑制方針は撤回され、社会保障関係費はリバウンドを開始したのです。

経済学では、顕示選好（revealed preference）という考え方があり、実際に起きた行動から、消費者の選好（何を求めているのか）を推し量ることをします。社会保障関係費抑制策が当時の国民に受け入れられた一方で、消費税引き上げや保険料引き上げに対して強い反発が起きたことを考えると、現実的な社会保障改革として、社会保障関係費の抑制にむしろ軸足を置いた政策へ転換することは、国民の意思（選好）に近いと考えるべきなのかもしれません。

三、現実的な公費投入の削減策

社会保障給付費全体の抑制を目指した小泉構造改革

さて、社会保障関係費を抑制するには、やはり、二つの手段が考えられます。一つは、小泉構造改革が行ってきたような「特別会計も含めた社会保障給付費全体を抑制する」という手段です。第一章で説明したように、一般会計の「社会保障関係費」のほとんどは、社会保障給付費の三割程度を占める定率の公費負担のことですから、社会保障給付費全体を抑制すれば、自動的に公費負担分である「社会保障関係費」も減少することになります。

しかし、小泉構造改革やその後の「骨太方針二〇〇六」がやったように、社会保障給付費全体を、一種のシーリング（予算上限）のように一律に抑制するやり方では、副作用があまりに大きいと言えます。既に説明したように、医療・介護産業では、診療報酬引き下げや介護報酬引き下げのような形で一律削減を行った結果、政治力の弱いものにしわ寄せが行き、病院の勤務医不足や介護労働力不足、待機老人問題のような社会問題が生み出されました。

また、年金、医療、介護、保育等とは異なって、全額公費による運営が不可欠である生活保護でさえ、財政抑制の影響を受けた結果、母子加算や老齢加算廃止や、福祉事務所の水際作戦等による貧困層の放置といった諸問題が引き起こされたのです。これも、一律削減が、政治力の弱い分野に集中的に現れた一例と言えるでしょう。

したがって、もし、再び社会保障給付費全体を抑制する政策をとるのであれば、全体としてのシーリングのほかに、医療・介護・保育産業内部の構造改革も同時に進める必要があります。具体的には、効率的に質の高いサービスを提供する供給者の参入・拡大を進め、質が低く高コストの供給者には退出してもらう必要があるでしょう。

こうした「選択と集中」を進めれば、効率化によって費用は削減できる一方、質が高い供給者が拡大することによって、全体の供給量や質は下がらずに済みますから、国民にとっての改革の痛みを極力少なく出来ます。そのためには、高コストの「護送船団方式」を止め、価格規制、参入規制を緩和したり、業界内の競争を制限する規制を極力減らす必要があります。

ただ、こうした方向性自体は、実は、小泉構造改革でも目指された前例があります。小泉政権下で行われた「規制緩和策」がまさにその政策そのものでしたが、スタートしたばかりの小泉政権下では成果は実らず、小泉政権以降の自公政権では、選挙のたびに業界団体寄りの政策が打ち出され、規制緩和は全く骨抜きとなってしまいました。やはり、既得権益を持つ業界団体の抵抗に打ち勝つことは、小泉首相ほどの強力なリーダーシップが持続しない限り、政治的に容易ではありません。

このため、結局、小泉構造改革以降の自公政権では、全く「選択と集中」が進まず、医師不足、介護労働力不足、待機児童といった社会問題を引き起こしましたから、国民の側にも、規制緩和路線への疑問が広がりました。そのため、最終的には、業界団体の「小泉構造改革が医療・介護を崩壊させた」「国民の格差を広げたのは小泉構造改革」といった根拠希薄なスローガンが国民に受け入れられ、規制緩和路線は潰《つい》えることとなったのです。

公費投入のみを削減するという現実的改革手段

しかしながら、財政赤字縮小のために、一般会計の「社会保障関係費」を抑制したいだけのことであれば、社会保障給付費全体を抑制するような大風呂敷を広げる必要は必ずしもありません。社会保障関係費として投入されている公費を削減することのみに集中した改革を行うことも考えられます。

既に述べたように、基礎年金の五割、医療保険の約四割、介護保険の六割近くといったように、「社会保障関係費」のほとんどは、社会保障給付費に「定率」を掛けて、自動的に投入されている公費のことです。

生活保護費や社会福祉費等を除けば、こうした公費は本来、保険料等で賄われるべきものですから、そもそも公費が投入されている根拠は希薄です。あえて言えば、低所得者に対する減免といった「所得再分配政策」が根拠と言えなくはありませんが、それならば、低所得者から高所得者まで、一律に「定率」の公費投入を行う必要はないはずです。低所得者だけに集中して公費を投入するほうが効果的ですし、全体の公費投入額も少なくなります。これまで、福祉という観点から低所得者をモデルケースにしたため、負担能力の高い中所得者、高所得者までもが低所得者同様、公費の恩恵を受けていたことこそが問題なのです。

安易な公費投入こそが諸悪の根源

よく考えれば、社会保障関係費を通じた安易な公費投入こそが、社会保障分野の多くの問題を引き起こしている諸悪の根源と考えられます。

第一に、こうした公費が、給付と保険料負担の間の「くさび」の役割を果たし、給付と負担の関係を曖昧にして、国民の社会保障制度に対する「コスト感覚」を狂わせています。給付が拡大しようと高齢化が進もうと、保険料が低いままであれば、それが当たり前の既得権となり、国民は、「社会保障は拡大して欲しいが、保険料や税負担は引き上げたくない」という矛盾した考えを持つことになります。この矛盾した要求の結果、莫大な財政赤字が発生しているのです。

第二に、公費による料金ディスカウントが行われているため、自己負担率も低く、保険料も低いままでは、過剰な需要が生まれることになります。この過剰な需要こそが、医療・介護・保育の各分野の待機問題を引き起こしている主因の一つですから、公費投入を削減して、料金ディスカウントを是正する必要があります。

第三に、料金ディスカウントが解消されれば、国民はコスト感覚を取り戻し、価格に見合ったサービスを求めるようになりますから、護送船団方式の下、非効率で質の低いサービスを行っている供給者は自ずと生き残ることが難しくなります。「安いから我慢する」という意識がなくなれば、国民の厳しい目によって、自然に「選択と集中」への圧力が高まるのです。

第四に、公費投入が安易に行われていることは、この分野の規制を異常なほどに強固なものにさせている原因です。それは、社会保障給付費が拡大すると公費が自動的に増えるため、政府が、価格規制や参入規制で社会保障給付費をコントロールせざるを得なかったからに他なりません。逆に言えば、公費投入が安易に行われなければ、これほどがんじがらめの規制を作る必要もないのです。

第五に、がんじがらめの参入規制、価格規制こそが、新規参入を途絶えさせ、既存業者の結束を高めて強固な業界団体を形成させている原因でした。また、公費投入の多さがこの分野への官僚や政治家の利権を生み、業界団体と結びついた高コスト、公費漬けの既得権益構造を生み出す背景です。しかしながら、安易な公費投入がなくなれば、これらは雲散霧消する可能性が高いものと思われます。

国民には意味のある選択肢を提示する

実際、業界団体とのしがらみが薄い現在の民主党政権にとって、一番行いやすい財政赤字削減策は、この社会保障関係費として安易に投入されている公費の削減ではないかと思われます。まずは、「高齢化に伴う自然増だから」などという「根拠希薄な理屈」に惑わされず、毎年一・三兆円の社会保障関係費の自然増を認めないことから始めます。

具体的には、現在、社会保障給付費に「定率」でリンクされている社会保障関係費を全て改め、国の負担限界を設定して「定額」とし、現在の二七・三兆円以上に増えないようにします。ただし、全額公費で行わざるを得ない生活保護等の事業については高齢化に伴って増加するのは認めざるを得ないと思われます。定額にするのは、基礎年金、医療保険、介護保険、雇用保険に対する公費支出の分です。保育については、地方交付税交付金も含めて公費支出を見直します。

こうなると、自然増分は、①保険料を引き上げるか、②社会保障目的の消費税率を引き上げるか、③既存の公費投入を合理化して支出減を図るか、という三つの選択肢で財源捻出をせざるを得なくなります。政府はこの選択肢を国民に提示して、何を選ぶか（どの組み合わせを選ぶか）を問いながら政策を進めます。このように、国民に意味のある選択を提示することは、社会保障へのコスト感覚を持ってもらうために何よりも大切な事です。

よく考えれば、二〇一〇年七月の参議院選挙で国民に示されたのは、「消費税を上げるのか、上げないのか」という選択肢でしたから、「上げたくない」と答えるのが当たり前でした。これは、無意味な選択肢です。本来問うべきは、消費税を上げるのか、歳出削減をするのかというものでなければならないはずでした。

公費投入の合理化の進め方

さて、①〜③の選択肢に直面した国民は、現状では、③の「既存の公費投入を合理化して支出減を図る」という選択肢を選ぶ可能性が高いものと思われます。その際には、次の方法で、公費投入の合理化を図ってゆくことが望ましいと思われます。

まず第一に、所得再分配という観点を明確にして、低所得者への公費投入をむしろ厚めに集中させ、中所得・高所得者に対する公費投入を、時間をかけて徐々に減少させてゆきます。所得が高い層ほど公費投入額が少なくなるような累進的な仕組みにすることがよいと思われます。

所得にかかわらず一律に公費を減少させるということになると、国民が一致して反対してしまいますが、所得再配分という観点に立てば、国民間の利害は一致せずにその分だけ、大胆な案が通る可能性が増します。具体的なイメージとしては、中所得・高所得者は、公費投入が少なくなる分だけ、給付削減（自己負担増）となるか、保険料・保育料負担が増すことになります。

第二に、参入規制を緩和して、効率的なサービスの提供ができる供給主体の参入を促し、給付費全体が効率化するようにします。給付費自体が下がれば、公費投入額が減少しようとも自己負担や保険料負担はそれほど増加しませんから、中所得・高所得者の負担感もあまり高めずに済むことができます。また、効率化を推進するためには、価格競争をする必要がありますから（努力しなくても一律料金の公定価格では、効率化するインセンティブがありません）、料金価格も自由化する必要があります。もちろん、完全な自由化には不安が伴うでしょうから、上限・下限を設定した原則自由化が現実的であると思われます。

第三に、負担が増す中所得・高所得者にも納得感が得られるように、保険サービスや公費が投入されたサービスと併用して、自由なサービスを追加的に高い価格を支払えば購入できるようにします。具体的には、混合診療の解禁や混合介護の解禁、保育所で追加料金を取って英語教育や芸術教育などを行うことなどを容認します。つまり、高い価格を支払えば良いサービスが受けられるように自由化を進めるということです。

今まで、公費投入が一律になされていたために、「公費投入に伴う平等性の確保」という観点から、全ての国民に一律の選択肢や利用量規制が行われてきました。このため、日本の社会保障分野は欧米諸国に比べ、「金太郎飴」のようにサービスが一律で、質と価格のバラエティーが乏しい状況です。しかしながら、中所得・高所得者層への公費投入が減じられる以上、彼らには負担に応じて質が高いサービスを購入したり、利用量を増やす権利があると思われます。そのような自由化を行うことで、中所得・高所得者層の不満を和らげることができます。

第四に、こうした参入自由化にともなって、社会福祉法人など、特定の法人に対する施設整備補助金や税優遇は、競争条件の公平（イコール・フッティング）の観点から望ましくないので、十分に時間をかけて全て廃止します。また、公立の施設も、公立である意義の薄い公立保育所や公立の特別養護老人ホーム、公立の老人保健施設等はすべて民営化（公設民営）を実施するべきです。

このような方法で、まずは毎年の社会保障関係費の自然増分ぐらいの規模ずつ、公費投入額削減を徐々に進めてゆき、ある程度、国民が慣れてきたら、自然増分だけではなく、一般会計の社会保障関係費に起因する財政赤字分である一一兆円（地方交付税交付金分も考えると、一二兆〜一四兆円）という金額についても、切り込んでいくことにします。もちろん、国民が、社会保障関係費削減だけではなく、保険料や消費税負担を高める選択肢を選ぶのであれば、その分だけ、社会保障関係費削減を緩やかなものにすることができます。

四、個別分野の具体的な改革

保育分野の改革

具体的に、個別分野の改革をイメージしてみましょう。まず、保育分野ですが、認可保育所の場合、運営費のうち保育料で賄われない部分がまさに公費投入となっていますから、保育料収入が増加すれば、自動的に公費が縮小できる関係にあります。もちろん、高コストの運営費が下がれば、さらに公費投入を削減できます。

そのために、まず重要なことは、実質的な参入規制を撤廃して、株式会社やＮＰＯ法人を始めとする全ての法人が自由に保育分野へ参入できるように、配当禁止や運営費の再投資禁止、社会福祉会計といった参入障壁を全て撤廃することです。効率的な運営を行う供給者を数多く参入させ、競争によって業界全体の効率化も推し進めます。

一方で、株式会社やＮＰＯ法人が親会社の倒産によって年度途中で撤退するといったことがないように、運営費の自己資本比率を高めに設定し、もし親会社が倒産しても、一、二年程度は運営が持続できるように適切な規制を行います。過度な配当を禁じるために、銀行の借入れ利子率からかけ離れた配当は禁じます。

この時、公定料金（公定価格の保育料）を保ったままでは、せっかく参入した効率的な運営主体も、経営を効率化する動機がなくなりますから、意味がありません。サービスの質の競争及び価格競争が起きて、サービス水準を下げずに運営費の効率化が達成されるように、価格は上限・下限を設けた上で、自由化します。これは、まさに現在の東京都の認証保育所が行っている仕組みです。諸外国の保育でも価格は自由化されています。

保育所のサービス内容についても、創意工夫や技術革新の余地を許し、例えば教育のような付加的なサービスを充実させた場合、保育料をその分高く徴収することを許容します。その際、運営費に対する補助金は、基礎的な保育サービスに対してのみ、年齢別・一人当たりで定額の補助を行うことにします。

これにより、サービス内容のバラエティー、質のバラエティー、価格のバラエティーが確保され、家庭の事情や親の教育方針によって、もっとも好む保育所を利用者が選択できるようになります。もちろん、どんな保育所であっても最低限の保育サービスが行われるように、最低基準のみは規制を行い、市町村の監査を厳しく実施します。

また、第三者評価等の質の評価を受けることを全ての保育所に義務化して、市町村でまとめた情報をきちんと公開・広報します。これは、利用者が自由に選択できるための基礎的なインフラ、公共財ですから、むしろ市町村が公費をかけて行うべき事柄です。

もちろん、これまでのような市町村による「配給制度」は必要がなくなりますから、利用者と保育所が自由に直接契約できる仕組みとなります。これまで、市町村による配給制度は一種の「需要割当」の仕組みだったわけですが、改革によって「料金価格」が需要と供給を調整するようになりますから、こうした割当制度は全く必要がなくなります。待機児童が生じている地域の保育料価格は上昇しますが、高い保育料価格は参入によってビジネスチャンスがあることを意味しますので、新規保育所の参入が続いて、直ぐに保育料価格が低下します。つまり、通常の産業と同様、市場メカニズムによって問題が解決されるのです。

当然のことながら、現在の人為的に低く設定されている認可保育所の保育料価格は、全体として上昇することになります。保育料価格は、所得に応じた「応能負担」ではなく、サービスの水準に応じた「応益負担」の仕組みとなります。ただし、これによって低所得世帯や弱者が困ることのないように、子ども手当のような「直接補助」によって、ダイレクトに補助金が支給される仕組みとして、低所得世帯や弱者が高くなった保育料を支払えるようにします。この直接補助は、地域振興券のように使途を限定したバウチャー（一種のクーポン券で、利用者から受け取った保育所は、市町村にバウチャーを持ち込んで換金できる）にすることが望ましいでしょう。また、バウチャーは待機児童が深刻な地域で保育料が急上昇した場合、供給増によって保育料が下がるまでの一時的な緩和措置の利用者補助としても使えます。

また、十分な経過措置を取った上で、社会福祉法人に対する施設整備補助金や優遇税制は全て廃止します。これは、価格自由化によって、土地や建物に対する投資は、保育料から回収できるようになりますので、特定の法人のみに行う施設補助に意味がなくなるからです。競争条件の公平化という意味もあります。

介護分野の改革

介護分野については、まず現在、深刻化している待機老人問題を解決するために、特別養護老人ホームに対する総量規制とともに、グループホームや有料老人ホームの総量規制を撤廃します。特別養護老人ホームについては、社会福祉法人に限られている参入規制を撤廃して、居宅サービス分野同様、株式会社やＮＰＯ法人を始めとする全法人が参入できるようにします。この際、保育分野で行われたような実質的な参入障壁が残らないように注意することは言うまでもありません。また、撤退などが簡単に出来ないように、むしろ全ての施設に対して、自己資本比率規制は強化する必要があるでしょう。当然、最低基準に対する監査の強化や評価の義務化、情報公開の徹底は市町村の役割として充実させる必要があります。

一方で、施設の利用料や入居費は、特別養護老人ホームについても、グループホームや有料老人ホームと同じように自由化します。また、介護保険サービスの価格についても上限・下限を設けた上で、自由化します。これにより、価格メカニズムが需要と供給の調整をするようになりますし、待機老人が生じている地域の供給増が参入増によって図られる点は、保育分野の改革と同様です。

また、保育同様に、社会福祉法人に対する施設整備補助金や優遇税制は徐々に全て廃止します。これによって、特別養護老人ホームとグループホームや有料老人ホームの間の競争条件は完全に公平となり、競争メカニズムによって、サービスの質の競争と効率化が達成されることになります。

価格を上限・下限付きで自由化し、総量規制を撤廃するということになると、政府や自治体にとっての心配は、介護保険給付費が増加し、公費負担や保険料が上昇してしまうのではないかということです。しかし、以下に述べる仕組みによってその心配は必要ありません。

混合介護の導入

まず、公費投入は定率から定額にして一定以上は増えないように制度改正を行います。また、保険料増に対しても、「混合介護」という仕組みを導入することにより対処することができます。「混合介護」とは、介護給付費としては「介護報酬単価」に対する九割を給付しますが、実際の「介護サービスの料金」自体は、上限・下限付きで自由に事業者が決めてもよいとするものです。つまり、サービスの質・水準や市場の需給状況に応じて変化する「介護サービスの価格」と、財政上の都合を勘案して決まる「介護報酬単価」が同一ではなく、乖離《かいり》するという制度となります。

具体的な例で説明しましょう。例えば、施設介護の一時間当たりの介護報酬単価を四〇

○○円とすると、事業者は、そのサービスの質やヘルパーの能力に応じて、自由に価格をつけられることになるので、例えば介護報酬単価よりも五○○円多い、四五○○円という価格をつけるとしましょう。この場合、介護保険から給付される費用は、介護報酬単価の九割である三六○○円（四○○○円×○・九）となりますから、残りの九○○円（四五○○円－三六○○円）を、要介護者の自己負担として徴収することになります。

自己負担と保険を組み合わせますので、医療における「混合診療」（全額自己負担となる保険外診療と、一部自己負担で済む保険診療を組み合わせる診療のこと）と同様、このようなやり方を「混合介護」と呼んでいます。このやり方であれば、価格自由化によって「介護サービスの価格」がたとえいくら高くなろうと、財政的な負担はある範囲内に収めることができるため、介護保険財政の維持可能性を確保できることになります。また、需要と供給の調整や、サービスの質や効率化を進めるインセンティブが働くといった市場メカニズムの良さを損なわずに済みます。

結局、自由化した分は、自己負担額が拡大することによって吸収されるので、公費増や保険料増には繋がらないというところが重要なことです。財政が苦しくなれば、もはや財政的な価格にすぎなくなった「介護報酬単価」を引き下げることで、ある程度は対応可能です。介護保険給付費の総額も、価格自由化で利用者の負担額が増加して需要が減少しますので、現在の待機老人分が全て顕現化するわけではありません。

ちなみに、「自己負担の拡大」というとネガティブなイメージになりますが、利用者にとっては保険サービスと併用して、購入したいサービスを自由に「消費できる」わけですから、負担を強いているわけではありません。その意味では、自己負担というよりは、「消費」と呼ぶべきかもしれません。

もちろん、低所得者に配慮する必要があることは言うまでもありません。これは、保育分野の改革同様、利用者に対する直接補助（バウチャー）を行う形で、低所得者の自己負担を実質的に引き上げないようにすることが可能です。また、待機が深刻な地域の価格急増に対する激変緩和措置にも、バウチャーを使います。

もちろん、こうした混合介護による価格の原則自由化は、施設サービスだけではなく、居宅サービスも含めた全ての介護サービスについて実施します。これにより、居宅サービス分野についても、サービスの質と価格効率化の競争が起きることになり、さらに公費削減が進められます。また、この混合介護による方法は、サービスの質に応じて高い料金価格をつけることが出来、その分、質の高いヘルパーには高い時給を支払うことが可能となるため、介護労働力不足対策としても極めて有効です。

医療分野の改革

最後に、医療分野についても、病床数の規制（地域内の病院のベッド数を規制するもの）や医療法人等に原則限っている現在の「参入規制」を撤廃し、内容や質に対する規制をきちんと設けた上で、自由な参入を促すことが必要です。競争条件確保のために、施設整備費や優遇税制を廃止したり、政府・自治体による監査、評価、情報公開を徹底することも同様です。

また、情報インフラの整備のために、電子カルテ、電子レセプト（診療報酬明細書）は、政府が公共財として一定の補助金を出して、強制的に普及させるべきでしょう。その方が、医療の標準化や不正診療・過剰診療のチェックが進み、結局、医療費・公費が効率化されて、財政的にはお釣りがくることになります。また、こうしたチェック体制により、質が劣悪であると判断される医療機関には業務改善や廃業を迫ります。

ただ、保育サービスや介護サービスとは異なり、医療分野には、「情報の非対称性に伴う市場の失敗」（患者と医者の間に病状に対する知識の違いがあり、医師によって過剰な医療費が誘発されてしまう）という独特の事情があるため、価格の完全自由化は必ずしも望ましいとは限りません。

現実的な改革手段としては、あたかも市場での価格評価が行われたかのように、需要と供給の調整や、質の評価を診療報酬に反映させることが望ましいと思われます。まず、現在のように、「質」のよし悪しにかかわらずインプット（投入物）に対して一律の公定料金で「出来高払い」するという仕組みを改め、アウトプット（成果）を評価して医療機関ごとに価格の減算・加算が行われる仕組みとします。

つまり、質の高い供給者が競争上有利となりますから、公費が削減されても、全体の質を落とさずに済むことになります。まさに、「選択と集中」を促す仕組みと言えます。当然、病院の料金価格（診療報酬）が開業医の料金価格を上回りますから、病院の採算性が増して、病院の勤務医不足の問題も改善に向かいます。また、開業医の間でも、質の高い医療を行う開業医の料金価格は高めて努力が報われるようにすべきですし、努力不足の開業医の料金価格は思い切って引き下げるべきです。

実はこうしたインプットからアウトプットを評価した価格設定へという流れは、医療分野における世界的な潮流でもあります。「選択と集中」をさらに徹底するために、医師免許を一定期間の更新制として、知識や技術をきちんと更新していない開業医には廃業を迫るべきでしょう（もちろん、勤務医も同様です）。また、こうした開業医に対する再訓練の場として、病院を活用することになれば、勤務医不足問題の改善にも貢献する可能性があります。もちろん、不足している地方病院や小児科、産科、外科も、もし料金価格が自由化されていれば、需給状況を反映して高まっているはずですので、診療報酬を高めます。

最後に、専門家の間でも未だ議論は分かれているものの、保険診療と自由診療を組み合わせて利用できるようにする「混合診療の解禁」は実施すべきと思われます。その理由は、これまで政府で行われてきた安全性や平等性といった次元の神学論争の問題ではなく、実際問題として、公費投入額を定額として増やさないためには、自己負担もしくは「消費」部分の領域を拡大せざるを得ないからです。近い将来、財政的に解禁せざるを得なくなると思われます。

また、この消費の領域は必ずしも全額を自分で負担することを意味しません。何故ならば、当然のことながら、この部分について「民間保険」を利用したいという需要が高まりますから、民間の保険会社の良いビジネスチャンスとなるからです。欧米では、こうした補足的な負担に対する民間医療保険が存在しています。まさに、医療産業が成長産業となるためにも、こうした実質的な自由化の仕組みを整え、公費投入を削減してゆくことが不可欠です。

もちろん、こうした自由化によって、低所得者が困らないように、直接補助によって公的医療保険料や民間保険料の費用を補助するようにします。公費投入についても、まさに「選択と集中」が必要なのです。

おわりに

私事で恐縮ですが、前回の消費税引き上げ（三パーセントから五パーセント）が実施された一九九七年を挟む前後二年ほどの間、筆者は日本銀行の調査統計局で、景気予測の責任者をしていました。

といっても、消費、住宅投資、設備投資などのコンポーネント（項目）ごとに精鋭の担当者がいる大部隊の「景気予測チーム（景気分析班）」の方ではなく、部下二〜三人という小部隊の「マクロ計量モデルチーム（計量モデル班）」におけるモデル作成担当者兼予測責任者をしていたにすぎません。

今は、日本銀行ではどのような予測作業が行われているのかさっぱりわかりませんが、当時は、二つの予測チームが独自に景気予測作業を行い、それを突き合わせて議論しながら、日本銀行としての景気予測値を決定してゆくというプロセスを行っていました。

マクロ計量モデルというのは、各コンポーネントを、経済学の理論と統計学を使った何百本もの方程式で表現し、パソコンで方程式を解くことによって予測値を出すという機械的道具です。ご存知の方は分かると思いますが、景気分析班が行う通常の景気予測とは異なり、エコノミストの経験や勘といった「裁量」を働かせられる余地が極めて少ないことが、このマクロ計量モデルの特徴です。

一九九六年当時、景気は相当に回復していたため、日本銀行はいつ金利を引き上げるかというタイミングを計っている状況にあり、景気予測担当の幹部達は景気回復が力強く持続するシナリオを前もって描いていました。しかし、筆者がマクロ計量モデルでどのような予測作業を行っても、一九九七年度以降は、消費税引き上げによって景気が急落するというシナリオしか描けず、景気分析班とは全く異なる予測値に、途方に暮れたことを今でも記憶しています。

現実にはマクロ計量モデルの予測通り、一九九七年四月の消費税引き上げによって景気は急落し、その年の一一月に起きた山一證券や北海道拓殖銀行の破綻による金融危機や、アジア通貨下落に伴う輸出減なども影響して、日本経済は再び、長く深い景気低迷の時期に入ることになりました。それからまもなく筆者は日本銀行を退職し、大学院の修士課程から「社会保障」を学び直して、一二年以上月日が過ぎましたが、いまでも一九九七年四月の消費税引き上げという出来事は、筆者の中でトラウマのごとく悪しき記憶として残っています。

そして、二〇一〇年現在、まさか「増税によって景気がよくなる」「増税による社会保障費拡大で、中長期的な経済成長を実現する」というような「奇妙な経済学」が、日本の首相の口から聞かれようとは思ってもみませんでした。

もちろん一九九七年当時とは異なり、国の財政状況がここまで悪化している中では、景気回復がもう少し進んだ段階であれば、ある程度の消費税引き上げはやむを得ないと言えるでしょう。

しかしながら、準備不足・説明不足のまま、税還付や複数税率について思いつき発言を繰り返して国民の反発を買い、参院選惨敗によるねじれ国会現出によって、現在、消費税引き上げが政治的に封じられる状況が生まれています。それにもかかわらず、二〇一一年度の予算編成では、社会保険への根拠希薄な公費投入に過ぎない「社会保障関係費」二七・三兆円を聖域とし、おまけにその自然増を一・三兆円も認めてしまって、財政赤字を一向に減らさないとする方針をとっていることはまるで本末転倒であり、日本の将来に禍根を残す間違った政策運営であると思います。

今や「社会保障関係費」の削減こそ、本腰を入れて取り組むべき最重要課題です。安易な社会保険への公費投入を削減し、国民が正常なコスト感覚を取り戻すことこそが、持続可能で、安心できる社会保障制度を実現させる鍵なのです。そして、現在の「強い社会保障」や、少し前の「中福祉・中負担」などという政策方針は大間違いであるという一言を言うために、新書を丸まる一冊、執筆してしまったように思います。長々とお付き合いいただきました読者の皆様には、大変感謝しております。

最後になりますが、本書執筆の機会を与えてくれた編集者である講談社の岡部ひとみさんにも感謝したいと思います。一章執筆するごとに適切なコメントと感想を頂いたことが、短期間の苦しい執筆作業を支える大きな励みとなりました。

二〇一〇年八月

鈴木　亘

講談社現代新書　2068

財《ざい》政《せい》危《き》機《き》と社《しゃ》会《かい》保《ほ》障《しょう》

二〇一〇年九月二〇日第一刷発行

著者　鈴木《すずき》亘《わたる》　©Wataru Suzuki 2010

発行者　鈴木　哲

発行所　株式会社講談社
東京都文京区音羽二丁目一二―二一　郵便番号一一二―八〇〇一
電話　出版部　〇三―五三九五―三五二一
販売部　〇三―五三九五―五八一七
業務部　〇三―五三九五―三六一五

装幀者　中島英樹

印刷所　凸版印刷株式会社

製本所　株式会社大進堂

定価はカバーに表示してあります　Printed in Japan

Ⓡ〈日本複写権センター委託出版物〉

本書の無断複写（コピー）は著作権法上での例外を除き、禁じられています。

複写を希望される場合は、日本複写権センター（〇三―三四〇一―二三八二）にご連絡ください。

落丁本・乱丁本は購入書店名を明記のうえ、小社業務部あてにお送りください。

送料小社負担にてお取り替えいたします。

なお、この本についてのお問い合わせは、現代新書出版部あてにお願いいたします。

N.D.C. 364.1　256p　18cm
ISBN978-4-06-288068-8

「講談社現代新書」の刊行にあたって

教養は万人が身をもって養い創造すべきものであって、一部の専門家の占有物として、ただ一方的に人々の手もとに配布され伝達されうるものではありません。

しかし、不幸にしてわが国の現状では、教養の重要な養いとなるべき書物は、ほとんど講壇からの天下りや単なる解説に終始し、知識技術を真剣に希求する青少年・学生・一般民衆の根本的な疑問や興味は、けっして十分に答えられ、解きほぐされ、手引きされることがありません。万人の内奥から発した真正の教養への芽ばえが、こうして放置され、むなしく滅びさる運命にゆだねられているのです。

このことは、中・高校だけで教育をおわる人々の成長をはばんでいるだけでなく、大学に進んだり、インテリと目されたりする人々の精神力の健康さえもむしばみ、わが国の文化の実質をまことに脆弱なものにしています。単なる博識以上の根強い思索力・判断力、および確かな技術にささえられた教養を必要とする日本の将来にとって、これは真剣に憂慮されなければならない事態であるといわなければなりません。

わたしたちの「講談社現代新書」は、この事態の克服を意図して計画されたものです。これによってわたしたちは、講壇からの天下りでもなく、単なる解説書でもない、もっぱら万人の魂に生ずる初発的かつ根本的な問題をとらえ、掘り起こし、手引きし、しかも最新の知識への展望を万人に確立させる書物を、新しく世の中に送り出したいと念願しています。

わたしたちは、創業以来民衆を対象とする啓蒙の仕事に専心してきた講談社にとって、これこそもっともふさわしい課題であり、伝統ある出版社としての義務でもあると考えているのです。

一九六四年四月　野間省一

哲学・思想Ⅰ

哲学・思想Ⅱ

政治・社会

1038 立志・苦学・出世——竹内洋
1145 冤罪はこうして作られる　小田中聰樹
1201 情報操作のトリック　川上和久
1338 〈非婚〉のすすめ——森永卓郎
1365 犯罪学入門——鮎川潤
1410 「在日」としてのコリアン——原尻英樹
1488 日本の公安警察——青木理
1540 戦争を記憶する——藤原帰一
1543 日本の軍事システム　江畑謙介
1567 〈子どもの虐待〉を考える——玉井邦夫
1662 〈地域人〉とまちづくり　中沢孝夫
1742 教育と国家——高橋哲哉

1767 武装解除——伊勢崎賢治
1768 男と女の法律戦略——荘司雅彦
1774 アメリカ外交——村田晃嗣
1807 「戦争学」概論——黒野耐
1853 奪われる日本——関岡英之
1866 欲ばり過ぎるニッポンの教育——苅谷剛彦 増田ユリヤ
1903 裁判員制度の正体——西野喜一
1917 日本を降りる若者たち——下川裕治
1920 ニッポンの大学——小林哲夫
1944 ケータイ世界の子どもたち　藤川大祐
1965 創価学会の研究——玉野和志
1967 数字でみるニッポンの医療——読売新聞医療情報部
1969 若者のための政治マニュアル——山口二郎

1976 イギリス型〈豊かさ〉の真実——林信吾
1977 天皇陛下の全仕事——山本雅人
1978 思考停止社会——郷原信郎
1983 排除の空気に唾を吐け　雨宮処凛
1985 日米同盟の正体——孫崎享
1993 新しい「教育格差」　増田ユリヤ
1997 日本の雇用——大久保幸夫
2017 日本のルールは間違いだらけ——たくきよしみつ
2024 予習という病——高木幹夫 日能研
2026 厚労省と新型インフルエンザ——木村盛世
2028 「天下り」とは何か——中野雅至

経済・ビジネス

1552 最強の経営学──島田隆
1596 失敗を生かす仕事術 畑村洋太郎
1624 企業を高めるブランド戦略──田中洋
1628 ヨーロッパ型資本主義 福島清彦
1641 ゼロからわかる経済の基本──野口旭
1642 会社を変える戦略──山本真司
1647 最強のファイナンス理論──真壁昭夫
1656 コーチングの技術──菅原裕子
1695 世界を制した中小企業 黒崎誠
1764 年金をとりもどす法 社会保険庁有志
1780 はじめての金融工学 真壁昭夫
1782 道路の経済学──松下文洋

1834 スラスラ書ける！ビジネス文書──清水義範
1836 北朝鮮に潜入せよ──青木理
1877 会社コンプライアンス──伊藤真
1902 海外経営の鉄則──山﨑克雄
1906 労働ＣＳＲ入門──吾郷眞一
1913 あなたの会社の評判を守る法──久新大四郎
1926 不機嫌な職場──高橋克徳 河合太介 永田稔 渡部幹
1992 経済成長という病──平川克美
2010 日本銀行は信用できるか 岩田規久男
2016 職場は感情で変わる 高橋克徳

世界の言語・文化・地理

知的生活のヒント

趣味・芸術・スポーツ

676 酒の話——小泉武夫
863 はじめてのジャズ——内藤遊人
874 はじめてのクラシック 黒田恭一
1025 J・S・バッハ——礒山雅
1287 写真美術館へようこそ——飯沢耕太郎
1371 天才になる!——荒木経惟
1381 スポーツ名勝負物語 二宮清純
1404 踏みはずす美術史——森村泰昌
1422 演劇入門——平田オリザ
1454 スポーツとは何か——玉木正之
1490 マイルス・デイヴィス——中山康樹
1499 音楽のヨーロッパ史 上尾信也

1510 最強のプロ野球論——二宮清純
1548 新ジャズの名演・名盤——後藤雅洋
1569 日本一周 ローカル線温泉旅——嵐山光三郎
1630 スポーツを「視る」技術 二宮清純
1653 これがビートルズだ 中山康樹
1657 最強の競馬論——森秀行
1710 日本全国ローカル線おいしい旅——嵐山光三郎
1723 演技と演出——平田オリザ
1731 作曲家の発想術——青島広志
1735 運動神経の科学——小林寛道
1765 科学する麻雀——とつげき東北
1796 和田の130キロ台はなぜ打ちにくいか——佐野真
1808 ジャズの名盤入門——中山康樹

1847 表現したい人のためのマンガ入門 しりあがり寿
1890 「天才」の育て方——五嶋節
1915 ベートーヴェンの交響曲——金聖響 玉木正之
1941 プロ野球の一流たち 二宮清純
1963 デジカメに1000万画素はいらない たくきよしみつ
1970 ビートルズの謎——中山康樹
1990 ロマン派の交響曲——金聖響 玉木正之
1995 線路を楽しむ鉄道学 今尾恵介
2015 定年からの旅行術——加藤仁

日本語・日本文化

105 タテ社会の人間関係　中根千枝
293 日本人の意識構造――会田雄次
444 出雲神話――松前健
1193 漢字の字源――阿辻哲次
1200 外国語としての日本語――佐々木瑞枝
1239 武士道とエロス――氏家幹人
1262 「世間」とは何か――阿部謹也
1384 マンガと「戦争」――夏目房之介
1432 江戸の性風俗――氏家幹人
1448 日本人のしつけは衰退したか――広田照幸
1551 キリスト教と日本人　井上章一
1618 まちがいだらけの日本語文法　町田健
1738 大人のための文章教室　清水義範
1878 茶人たちの日本文化史――谷晃
1889 なぜ日本人は劣化したか――香山リカ
1928 漢字を楽しむ――阿辻哲次
1935 中学入試国語のルール　石原千秋
1943 なぜ日本人は学ばなくなったのか――齋藤孝
1947 落語の国からのぞいてみれば――堀井憲一郎
2006 「空気」と「世間」――鴻上尚史
2007 落語論――堀井憲一郎
2013 日本語という外国語　荒川洋平

『本』年間予約購読のご案内
小社発行の読書人向けPR誌『本』の直接定期購読をお受けしています。

お申し込み方法
ハガキ・FAXでのお申し込み　お客様の郵便番号・ご住所・お名前・お電話番号・生年月日(西暦)・性別・ご職業と、購読期間(1年900円か2年1,800円)をご記入ください。
〒112-8001　東京都文京区音羽2-12-21　講談社 読者ご注文係「本」定期購読担当
電話・インターネットでのお申し込みもお受けしています。
TEL 03-3943-5111　FAX 03-3943-2459　http://shop.kodansha.jp/bc/

購読料金のお支払い方法
お申し込みをお受けした後、購読料金を記入した郵便振替用紙をお届けします。
郵便局のほか、コンビニエンスストアでもお支払いいただけます。